Erinnerungen

an

Unruhige Zeiten

von Alfred Schmitz

Herstellung und Verlag: BoD – Books on Demand, Norderstedt

Verlegt durch: Th.-Markus Groß – Buchhandlung und Antiquariat
Burgfriedstr. 4 – 54550 Daun
2017

Alfred Schmitz, Jahrgang 1927, nimmt uns mit auf eine Zeitreise durch neun Lebensjahrzehnte.

Ein Leben, geprägt von Entbehrungen, Pflichtgefühl, harter Arbeit und Gemeinschaftssinn vor den Kulissen einer rauen, wildromantischen Eifellandschaft.

Ohne Schnörkel und sentimentale Verklärung, manchmal auch mit einem Augenzwinkern erzählt er, wie er sich mit Tatkraft, Fleiß und unerschütterlichem Gottvertrauen den Herausforderungen stellt, die das Leben für ihn bereithält.

Für meine Frau Maria, meine stets treue und liebevolle Gefährtin, die so manchen Schlag abgemildert hat.

Für meine Kinder Anne, Christa, Andreas und Claudia, die der Beweis dafür sind, dass am Ende eines Tages doch alles seinen Sinn macht.

Und für meinen Schutzengel, der mich stets behütet hat.

Eifeldörfer

Zwischen den Bergen fand sich noch Raum
für Häuser und steinige Felder.
Drunten ein schmaler Wiesensaum,
drüben Wälder und Wälder.

Strömender Heid- und Wacholderduft, Kiefern im Wind sich bauschend, Sonnenschein und Blütenduft, Bäche stürzend und rauschend.

Kleingehörntes, mageres Vieh Weidet an buschigen Hängen; hagere Hirten hüten sie mit fremden, ernsten Gesängen.

Drunten schleift und kreischt ein Rad, still sinnende Menschen reuten. Hinaus führt ein halsgefährlicher Pfad In die Welt und zu reichen Leuten.

Auf der Höhe, über den Höhen, hängt das
Dorf mit Häuschen und Hütten. Heute ruht
der reißende Föhn,
droht nicht, die Mauern umzuschütten.

Still steh'n die Halme, heut heult kein Sturm
In den hohen, verborgenen Bäumen. Fern die
Dörfer, Häuser und Turm,
die den blauen Horizont säumen.

Schlängelnde Wege, schlehdornumrahmt, hell
in die einsame Fläche gezeichnet.
Unbetreten, nur dass Ihr kamt,
war das Letzte, was sich ereignet.

(Ernst Thrassolt)

Ich bin ein Baum der Heimaterde, mit meinen Wurzeln tief in ihr gebettet und alle Kräfte saug' ich gierig ein
aus dieser Erde, der unlösbar ich verkettet.

Der Stamm ist hart und zäh wie Eifelholz, das langsam wächst aus kargem Grunde,
dem Blitz und Frost die Lebensringe zeichnen, das Mark bleibt dennoch ohne Wunde.

Die Krone ragt in Sturm und Nebelgrau'n,
In Winternächten funkeln über ihr die Sterne
und frierend steht der Baum im kahlen Feld
und spürt erzitternd Gott aus weltenweiter Ferne.

Ich bin ein Baum der Heimaterde,
mit ihren Wurzeln hat sie mich getränkt, mit ihrem Segen hat sie mich begnadet, so sei auch jede Frucht nur ihr geschenkt.

(Peter Zirbes)

Am 1. November 1927 erblickte ich, Alfred Schmitz, ältester Sohn von Wilhelm Schmitz und Margareta, geb. Krämer in Bettembourg, Großherzogtum Luxemburg, das Licht der Welt. Diese hielt, wie wir im Laufe meiner Aufzeichnungen sehen werden, einiges für mich bereit.

Mein Vater Wilhelm, geboren am 08.03.1901 in Tettscheid (Kreis Daun), hatte noch 10 Geschwister. Er und meine Mutter Margareta, geboren am 21.12.1904, zweitältestes von 6 Kindern, verzogen nach ihrer Heirat im November 1926 nach Luxemburg. Dort gab es im Gegensatz zum Deutschland der damaligen Zeit - 1920er Jahre - Arbeit und viel bessere Verdienstmöglichkeiten.

Vater arbeitete in einem Stahlwerk in Dudelange, Mutter in einem Hotelbetrieb in Bad Mondorf. So war denn für's erste eine bescheidene, doch solide Basis geschaffen. Mutter jedoch – aufgewachsen in einem wohlbehüteten Elternhaus und außerdem sehr einfühlsam und etwas romantisch veranlagt – wurde schon nach verhältnismäßig kurzer Zeit derart von Heimweh geplagt, dass man im Herbst 1928 in den Ort Wolken in der Nähe von Lonnig, ihrem Heimatort, umzog. Dies war jedoch, besonders angesichts der heraufziehenden Weltwirtschaftskrise in den Jahren 1929 und

1930, keine gute Entscheidung. Es gab in diesem ländlichen Raum kaum Arbeit; die Zahl der Erwerbslosen betrug in Deutschland fast 7 Millionen und Besserung war nicht in Sicht. Auf Anraten meines Großvaters väterlicherseits entschlossen sich meine Eltern daher zur Einrichtung und Eröffnung eines Lebensmittelgeschäfts.

Solche Läden firmierten damals noch unter der Bezeichnung „Kolonialwarenhandlung". In der Nacht vor der Eröffnung erfolgte ein Einbruch und vieles, besonders Tabak- und Süßwaren, wurde gestohlen. Aufgeklärt wurde nichts. Dies war ein denkbar schlechter Start!

Im Oktober 1930 wurde mein Bruder Helmut geboren, Bruder Jupp kam im Juni 1935, Schwester Helga im November 1938 zur Welt.

Während der Jahre 1930/31 verschlechterte sich die wirtschaftliche Lage immer mehr, so dass Vater sich zum Umzug nach Tettscheid, seinem Heimatort, entschloss. Dieser erfolgte im Herbst 1932. Die Ortsgemeinde überließ – wie zu der Zeit vielfach üblich – jedem Bürger 1,5 Hektar sogenanntes Gemeindeland. So war denn wieder eine bescheidene wirtschaftliche Grundlage geschaffen.

Ende der 1930er Jahre: Dorfstraße in Tettscheid

In den Eifeldörfern wurde zur damaligen Zeit noch ein Gemeindebulle gehalten. Diese Bullenhaltung wurde aus jeweils gegebenem Anlass aufgeboten. Vater bewarb sich (das Datum weiß ich nicht mehr genau) um diese Bullenhaltung und erhielt den Zuschlag. Damit verbunden war eine gewisse Lieferung von Futtermitteln (Hafer) und die Nutzung einiger Grünflächen (Wiesen). So kam denn noch etwas Nutzland hinzu.

Meine erste Erfahrung mit der harten Arbeit auf der kargen Eifeler Scholle machte ich 1936 im zarten Alter von knapp neun Jahren.

In der Flur „Auf der Rutsch" – der Name sagt schon alles - sollte ein Feld, am Waldesrand gelegen, mit zwei kaum angelernten Kühen gepflügt werden. Vater hinten am Pflug, ich vorne als Leitjunge bei den Kühen. Vielleicht bedingt durch die Hanglage oder aus welchen Gründen auch immer, lagen plötzlich Pflug, Kühe und Leitjunge (also ich) im Gestrüpp. Am nachhaltigsten von diesem traumatischen Erlebnis ist mir das kreisende Schwingen einer Peitsche, deren Riemen ab und an in dieses Chaos hineinklatschte, in Erinnerung geblieben. Irgendwie hat sich die Sache dann doch wieder entwirrt. Vater – die Sache tat ihm etwas später bestimmt leid – verbot mir, daheim von diesem Vorfall zu erzählen. Ich habe mich Zeit seines Lebens (er starb 1990) daran gehalten. Damals war ein Wort noch ein Wort – auch für einen neunjährigen Jungen.

1937 ging es zur Heuernte unterhalb der alten Brockscheider Mühle. Diese Wiesenflur trägt auch heute noch den Namen „Unter der Mühle". Dort musste ich zum ersten Mal auf einen Heuwagen. Die Arbeit bestand darin, das von Vater mit der Heugabel heraufgereichte Heu (übrigens staubtrocken, man nannte diesen Zustand „puffig", also nicht leicht zu bändigen) im Leiterwagen festzutreten und mit zunehmender Höhe möglichst ordentlich festzusetzen. Einem Erwachsenen bereitete diese Arbeit schon etwas Mühe, für einen knapp zehnjährigen Jungen war sie nicht zu schaffen. So fiel denn von dem aufgereichten Heu wieder manches zu Boden, was nicht gerade zu einem guten Arbeitsklima beitrug. Auch Mückenschwärme, Stechmücken, Bremsen und ähnliches leisteten auf ihre Art den entsprechenden Beitrag. War nun etwas Heu wieder dahin gefallen, von wo es kam, musste ich versuchen, mich vor der drohend geschwungenen Heugabel in Sicherheit zu bringen. Da man den Vorteil der Höhe für sich hatte, gelang dies meistens, so dass das Heugabelschwingen eine völlig unnötige Anstrengung blieb. Es war und blieb ja bis heute keine sportliche bzw. olympische Disziplin. Trotzdem konnte man mitunter den Eindruck gewinnen, dass dem so wäre. Negativ möchte ich noch bemerken, dass die Nerven aller Beteiligten dadurch noch mehr strapaziert wurden, ebenso durch großen Durst, denn es gab in solchen Situationen weder Bier noch Limo, Sprudel oder Cola. Wenn der mitgebrachte Kaffee (Malzkaffee, in der Eifel bekannt unter dem hübschen Namen „Muckefuck") getrunken war, kniete man sich an's Ufer von Lieser, Trombach oder „Brockscheider Graben" (Bach). Das Wasser war zu dieser Zeit noch wesentlich sauberer.

Hier noch eine Begebenheit aus dieser Zeit: Bei der Anfahrt auf vorgenannte Wiese musste man durch einen Hohlweg unmittelbar am Uferrand. War es nun durch das

Scheuen der Zugtiere (Kühe) oder aus welchem Grund auch immer, der noch leere Heuwagen geriet in Schieflage und kippte in's Wasser. Vater konnte noch abspringen; Mutter, Helmut und ich rutschten in die Lieser, zum Glück nicht tief. So nahmen wir ein nicht vorgesehenes Bad. Die ganze Sache war jedoch insofern von Vorteil, als dass wir zu Hause – wie in vielen anderen Eifeler Bauernhäusern auch – weder Badezimmer noch Dusche hatten. Außerdem war Hochsommer, das Trocknen besorgte die Sonne, die im Liesertal besonders warm schien.

Elternhaus Anfang der 1950er Jahre

In diesem Zusammenhang scheint mir ein anderer Vorfall erwähnenswert, steht zu dem vorgenannten jedoch in totalem Kontrast und ereignete sich etwa zehn Jahre später, im

Februar 1947, ungefähr an gleicher Stelle, am Waldesrand, 200 m Lieserabwärts.

Die französische Militärverwaltung verlangte zu dieser Zeit von den einzelnen Landwirten, die zur Ernährung ihrer eigenen Familien kaum genug erwirtschaften konnten, die Ablieferung von Vieh und Getreide bzw. Kartoffeln als sogenannte „Reparationsleistungen". Es gab auch Kontrollen in dieser Richtung. Nun hatten wir im Herbst 1946, zusammen mit Onkel Jusepp aus Tettscheid, an genannter Stelle eine Kartoffelmiete angelegt. An dieser Stelle hätte auch kein „Schnüffler" (solche gab es auch) so etwas – für uns Lebenswichtiges – vermutet. Im Februar 1947 leerten wir die Miete, da der heimische Vorrat erschöpft war. Bei dieser Arbeit, unmittelbar am Ufer, entfiel mir ein geflochtener Korb und landete in der hochwasserführenden Lieser. Heute würde man sagen: „Gute Reise, lieber Korb, meinetwegen bis Manderscheid". Damals jedoch gab es nichts zu kaufen und ohne den Korb hätte man die Arbeit beenden und die Miete wieder schließen müssen. Außerdem wären die Spuren noch zu beseitigen gewesen (siehe „Schnüffler"). Ich sprang also hinterher in das brusttiefe Wasser und fischte den Korb heraus. Diesmal trocknete keine Sonne, es waren Minustemperaturen. Ich ging nach

Hause, eine Stunde Fußmarsch, blieb somit in Bewegung und nahm keinen gesundheitlichen Schaden.

An unbeschwerte Kinder- und Jugendtage im Tal der Lieser erinnert man sich gerne zurück.

Familie Steffes

Familie Schmitz um 1940

Im damals noch klaren Wasser gab es Schwärme von Forellen und Weißfischen; sogar Krebse waren zu finden. Die schönste Zeit war der Herbst, wenn der zweite Grasschnitt, „Grummet" genannt, eingebracht war. Man musste das Vieh beim Hüten nicht mehr so sehr beaufsichtigen, es durfte nun überall weiden. Man blieb draußen bis zum Abend in diesem schönen Tal und wurde Zeuge einer Stille, eines Friedens, der von den waldreichen Höhen ringsum auszugehen schien.

In den Entwässerungsgräben sowie in den Tümpeln der Talwiesen hatten viele Frösche ihre Laichplätze. An steilen, sonnenbeschienenen und von Spalten durchzogenen Hängen tummelten sich Molche (wir nannten sie „Eidechsen"). Man entdeckte hin und wieder auch einen Salamander. Im Brombeergestrüpp, im Ginster und in Weißdornhecken an den Wegrändern brüteten noch Rebhühner, die man im Spätsommer auf Futtersuche mit ihren Jungen beobachten konnte. Man hat durch Trockenlegung und Abholzung diesen Tieren die Lebensgrundlage genommen.

Mit etwas Wehmut und doch einer gewissen Dankbarkeit, dass man diese Eindrücke mitnehmen durfte, erinnert man sich gerne zurück.

Doch das Leben – vor allem das harte – ging weiter. Vater hatte neben der Landwirtschaft, die ja nicht viel abwarf, ein Pferd gekauft. Durch Kontakte mit Holzhändlern oder Sägewerken, vielfach hergestellt durch meinen Großvater in Tettscheid, ergaben sich Möglichkeiten, das im Winter eingeschlagene Holz – Fichtenstämme – je nach Anforderung und Bedarf mit Pferden an befahrbare Wege zu schaffen. Heute erledigen Maschinen diese Arbeit. Die Leute, welche sich dieser harten und mitunter gefährlichen Tätigkeit an-nahmen – es gab einige davon, auch in den Nachbarorten – nannte man „Holzschurger". Der Begriff kam mir immer etwas abwertend vor, doch war die Auswahl, was Arbeit und Erwerbsmöglichkeiten betraf, eng begrenzt.

So ging es denn im Frühsommer 1938 zusammen mit Onkel Jusepp, der diese Arbeit schon länger ausführte, zum Holzrücken wieder in's Liesertal, etwa 200 m oberhalb der alten Brockscheider Mühle, Distrikt „Auf der Au". Doch von romantischer Auen-landschaft keine Rede – im Gegenteil. Ich, keine elf Jahre alt, führte ein Pferd am Zügel, welches vor einen schweren Fichtenstamm gespannt war. Im Brombeer- und Ginstergestrüpp kam ich zu Fall und lag unter dem schweren Tier, vielleicht zwei bis drei Meter vor dem Holzstamm. Ohne ein Kommando, zum Beispiel „Brrhh", zu bekommen (was so viel wie „Halt!" bedeutete), blieb das Pferd stehen und ich konnte darunter hervorkriechen. Es blieb mir eine kleine Verletzung am Bein, kaum nennenswert. Hier – so glaube ich heute noch mehr denn je – hat mich ein Schutzengel behütet!

Onkel Jusepp mit Söhnen beim Holzrücken

Was meinen schulischen Werdegang betrifft, hier einige Anmerkungen:

1934 in die einklassige Volksschule (so nannte man das) in Tettscheid aufgenommen, entwickelte ich mich nach Ansicht unseres Lehrers Heinz Bicker zu einem überdurchschnittlichen Schüler. Seine Wertschätzung kam vor allem dadurch zum Ausdruck, dass ich in seinem Auftrag die Aufgaben von Mitschülern nachsah und ihnen, vor allem beim Lesen und bei der Rechtschreibung, half. Herr Bicker hätte mich gerne in eine weiterführende Schule geschickt, doch die folgenden, vor allem Kriegsereignisse ließen es nicht zu.

Am 01.09.1939 begann mit dem deutschen Angriff auf Polen der Zweite Weltkrieg.

In den letzten Augusttagen schon erfolgten Einberufungen auch etwas älterer Männer. Vater und dessen Bruder Jakob, auch wohnhaft in Tettscheid, waren darunter. Sie kamen in's Deutsch-Luxemburgische oder Belgische Grenzgebiet und gehörten zu sogenannten „Bau-Bataillonen". Im Verteidigungsfall hätten sie vielleicht ein paar Gräben ausheben können. Zuhause bei ihren Familien wären sie mehr gebraucht worden.

Wir hatten in dieser Zeit neben ein paar Kühen den schon einmal erwähnten Gemeindebullen und zwei Pferde im Stall. Mutter kümmerte sich vorwiegend um die Kühe. Bullen und Pferde musste ich versorgen, das heißt füttern, tränken usw. Die Pferde mussten ja auch noch gestriegelt und sauber gehalten werden. Eines der Tiere war pflegeleicht und brav, das andere hingegen hat mich beim Füttern in's rechte Bein gebissen, starker Bluterguss, heilte trotzdem unbehandelt aus. Etwas später stellte sich heraus, dass dieses Pferd (Vater hatte es in Trier von der Wehrmacht ersteigert) einen Soldaten durch Huftritt erschlagen hatte; es war also dort bei der Truppe, von wo es kam, ausgemustert worden. Zum Glück blieb mir Schlimmeres erspart!

Vater kam nach drei Wochen Einberufung wieder nach Hause. Er war auf Betreiben meines Großvaters durch die Firma „Froitzheim Sägewerksbetrieb" in Walsdorf, Kreis Daun, vom Wehrdienst freigestellt worden. Solche Betriebe galten zu der Zeit als „kriegswichtig". Man musste jedoch für die anfallenden Aufträge seitens des Betriebes zur Verfügung stehen.

Im Winter 1940 – schon im Hinblick auf die Frankreich-Offensive (sie begann am 10. Mai 1941) – war in Tettscheid eine motorisierte Infanterie-Kompanie einquartiert worden. Den Soldaten war es erlaubt, den jeweiligen

Quartiersleuten bei der Arbeit zu helfen. So war ich - es mag im März gewesen sein – mit einem der Soldaten (Schaller mit Namen, ein ganz fleißiger Mann) damit beschäftigt, an einer Wiese am Waldrand gelegen das zu weit hineingewachsene Holz zu entfernen, zu Brennholz zu verarbeiten und zu stapeln. Ich bin heute noch mehr denn je der Ansicht, dass wir beide unsere Arbeit gut getan hatten. Im Mai 1941 etwa, die Wiesen wurden vor dem einsetzenden Graswuchs immer gesäubert (man nannte es „Wiesen-putzen"), entdeckte man (Vater) einige Fehler – vielleicht lag hier und da noch etwas Reisig, wo es nicht sein sollte. Wir beide, Schaller und ich, wurden als „Faulenzer" beschimpft. Ich habe es verkraftet.

Im Frühsommer 1941 hatten wir ein anderes, noch jüngeres, unerfahrenes Pferd im Stall. Beim Füttern habe ich dieses Tier mit einem Eimer berührt. Es erschreckte, schlug mit dem Hinterhuf aus, traf die Innenseite meines linken Knies, wodurch dasselbe gegen die Wand gepresst wurde. Daraufhin bemühte ich mich noch mit der Schubkarre in den „Gromets-Päsch" (einige an's Dorf grenzende Grasflächen) zum Futterholen für die Kühe. Es blieb beim Versuch, das Knie mittlerweile um Einiges angeschwollen. Am nächsten Tag kam Herr Sänger aus Mückeln (Heilpraktiker) und stellte neben einem starken Bluterguss einen Bänderriss fest. Tags darauf stellte ein Arzt (Luxemburger, damals in Gillenfeld stationiert) dieselbe Diagnose. Damit war die ärztliche Versorgung erschöpft. Zum Glück wohnte zu dieser Zeit Jagdpächter Dirkes aus Düsseldorf in Tettscheid bei „Jaassen Klos" (Schäfer). Frau Dirkes, eine ältere Frau, gelernte Krankenschwester, pflegte und behandelte mein Knie mit kühlen Umschlägen und Massagen während sieben Wochen, in denen ich nicht zur Schule gehen konnte und machte mich dadurch wieder gehfähig. Frau Dirkes bekam für ihren Dienst Naturalien in Form von Butter, Eiern usw. Lehrer Bicker hat mich während dieser Zeit des Öfteren besucht, mit Lesestoff versorgt und die jeweils anfallenden Schulaufgaben vermittelt, wodurch ich nie in Rückstand kam. Diesen Leuten fühlte ich mich stets zu Dank verpflichtet, weckten und stärkten sie doch durch ihr Tun und Handeln in mir als Jugendlichem das Gefühl für das Gute im Menschen. So nahmen die Dinge weiterhin ihren Lauf. Mein Knie war gut verheilt, blieb ohne Nachwirkungen.

Nachdem im Sommer 1940 der Feldzug im Westen mit der Niederlage Frankreichs geendet hatte, wurden die Gebiete Elsass und Lothringen, von jeher ein Zankapfel zwischen Deutschland und Frankreich, von Deutschland annektiert, angegliedert. Die dortigen Einwohner hegten keinerlei Sympathie für Deutschland und hatten die Dörfer (nur dies kann ich beurteilen) größtenteils in Richtung Südfrankreich verlassen. Dieses Gebiet war zu der Zeit noch nicht von Deutschland besetzt. In Lothringen wurden dadurch viele Bauernhöfe frei und sollten für Deutschland genutzt werden. Dafür suchte eine – wahrscheinlich neugeschaffene – Dienststelle „Bauernsiedlung Westmark" aussiedlungswillige Landwirte. Mein Vater und andere Bewerber wurden von oben genannter Stelle zu einer Informationsfahrt eingeladen und es wurden die in Frage kommenden Höfe vorgestellt. Diese Vorstellung erfolgte – so meine ich mich zu erinnern – im Winter 1941/42. Es war für uns eine schwere Entscheidung und doch nahm man das Angebot an.

Das Vieh und die Geräte wurden verkauft, die Felder verpachtet. Anfang März 1942 erfolgte der Umzug per Bahn. Man konnte damals noch Einiges als Stückgut zum Transport bei der Bahn aufgeben. Nun ging es also in's Ungewisse! Wir hatten jedoch insoweit Glück und konnten ein schönes Haus beziehen. Es war das ehemalige Pfarrhaus im Ort. Der Pfarrer war auch abgewandert. Anliegend am Haus ein gepflegter terrassenförmig angelegter Garten mit anschließendem Obstgarten. Dies alles trug positiv zum Eingewöhnen bei. Das landwirtschaftliche Areal umfasste etwa 80 Hektar Ackerland und Wiesen, dazu 12 Pferde und etwa 20 Milchkühe. Gegenüber Eifeler Verhältnissen eine ganz andere Dimension! Als Arbeitskräfte waren fünf Polen, drei Männer und zwei Frauen, im Betrieb. Es waren Zivilarbeiter (keine Kriegsgefangenen) und sie erhielten neben Kost und Unterkunft Lohn mit vorschriftsmäßiger Abrechnung. Ihre Unterbringung erfolgte in einem leer stehenden Haus in der Nachbarschaft.

Die Ackerflächen, obwohl sehr fruchtbar, waren in schlechtem Zustand, stark verunkrautet. Unser Vorgänger im Betrieb hatte in dieser Hinsicht geschlampt und war deshalb von der vorgesetzten (schon einmal erwähnten) Dienststelle abgelöst worden. Es harrte also eine Menge Arbeit. Ein mit Rüben eingesätes Feld drohte schon bald im Unkraut zu ersticken. Durch intensives Hacken im Sommer gelang im Herbst 1942 eine Rekordernte. Genau um diese Zeit lag Vater mit Lungenentzündung zwei bis drei Wochen zu Bett. Ich habe in dieser Zeit mit den drei Polen (fleißige Leute) 110 Wagen (Pferdefuhrwerke) mit Rüben geerntet, eingemietet und winterfest gemacht. Wurde dafür meines Wissens zum ersten Mal gelobt!

Im Frühjahr 1943 starb mein Großvater in Tettscheid. Vater war etwa eine Woche weg zur Beerdigung. Ich fand das reichlich lange, zumal ausgesät werden musste. Habe das mit den schon genannten Polen zum Teil alleine machen müssen. In einem Feld sah man später die Saatreihen der Maschinen etwas unregelmäßig, zum Teil fehlten auch mal einige Meter. Vielleicht war mal einer der Saattrichter an der Maschine verstopft. Nach einiger Zeit war das jedoch zugewachsen. Mir jedenfalls wurde Einschlafen beim Gang hinter der Maschine unterstellt. Wie das bei aufrechtem Gang (sitzen konnte man nicht) geschehen soll, blieb mir bis heute ein Rätsel. Lob war also wieder hin.

1943, August, Erntezeit: Ich war mit einem der Polen beim Weizenmähen an der Straße Metz-Nancy. Plötzlich ein knackendes Geräusch. Beim Nachsehen stellte sich heraus, dass die Knüpfvorrichtung für die Garben defekt war. Bei der Maschine handelte es sich um einen Mähbinder, in der Eifel damals noch weitgehend unbekannt. Nachdem der Grund des verfrühten Heimkommens bekannt war, wurde mir schlechtes Aufpassen bis hin zum Einschlafen unterstellt. Das Ganze wurde mit einem deftigen Verprügeln in der Scheune geahndet, sollte aber zu meinem Besten sein? Es hieß nämlich stets: Davon wird keiner dümmer. Vielleicht trug es zur Schärfung der Sinne, des Denkvermögens bei. Infolge der Häufung dieser „Maßnahmen" ist man fast geneigt, es zu glauben. Doch zurück zur Sache: Nachdem das defekte Teil durch Entnahme aus einer anderen, alten Maschine – es stand einiges davon herum – ausgewechselt war, ging es am nächsten Tag wieder zum Mähen. Nach kurzer Zeit dasselbe Dilemma, Teil wieder kaputt. Dadurch wieder frühes Heimkommen mit allen oben schon erwähnten Folgen. Reparatur wieder in Eigenleistung mit einem alten Teil. Am dritten Tag wiederholte sich derselbe Vorgang. Abends habe ich mich in Scheune oder Stall bei den Pferden verdrückt. Es folgten auch keine erzieherischen Maßnahmen. Vielmehr brachte man die Maschine zur Werkstatt (Schmiede). Dort arbeiteten zwei Polen, Felix und Jannek, prima Kerle. Diese stellten die Abmessung neu ein, das war der Grund dieser Zwischenfälle, und alles lief nachher bestens.

Anfang Oktober 1943 erfolgte meine Einberufung ins „Wehrdiensttüchtigungslager" in der Nähe von Pirmasens. Mutter hatte mir einen Koffer voll Lebensmittel mitgegeben. Dieser wurde mir bei der Ankunft im Lager abgenommen. Ich bekam nichts mehr davon zu sehen. Dieses sogenannte „WE-Lager" war eine vormilitärische Ausbildung. Früh um 6 Uhr mussten wir im Dauerlauf zum Waschen an einen ca. 300m entfernten Brunnen. Eiskaltes Wasser. Der Tagesablauf bestand aus politischer Schulung und Geländeübungen, auch Schießen mit „KK-Gewehr". Das Essen war so knapp bemessen, dass ich, zum ersten Mal im Leben, richtig gehungert habe. Ende Oktober wurden wir entlassen und ich kam abends um etwa 23.30 Uhr in Remilly, ca. 12 – 14 km von zu Hause, an. Ich bin dann diese Strecke, teils durch Wald, heimwärts gegangen und dort gegen 2.00 Uhr – 2.30 Uhr angekommen. Es war sogar etwas gefährlich. Aber mein Schutzengel hat aufgepasst.

Kurz darauf wollten mich Werber der „SS" in der Berufsschule in Solgne, die wir dort besuchten, zur Freiwilligen-Meldung überreden. Von etwa 20 – 25 Angesprochenen blieb ich als Einziger standhaft und medete mich nicht. Daraufhin wurden diese „Menschenfänger" böse. Der Schutzengel war jedoch wieder da.

1944 im Januar wurde ca. 3 km entfernt ein alleinliegender großer Hof frei. Vater bewarb sich und wir zogen dorthin. Es war ein schönes Anwesen. Größe ca. 220 ha, alles in einem Stück. Pferdestall mit Boxen und etwa 25 Pferden, außerdem 30 Milchkühe. Diese Zeit, von Januar 1944 bis August 1944, war bis dahin die schönste in meinem Leben.

Doch in den letzten Augusttagen - wir hatten das Getreide größtenteils gemäht, aber noch nicht eingebracht, die polnischen Arbeiter waren abgeholt worden (angeblich zum Schanzen) - Stellungsbau: Vater und ich molken morgens die Kühe, 24 oder 26 Stück, alle mit der Hand, es gab noch keine Maschine. Am 31. August standen amerikanische Panzerspitzen knapp 40 km von unserem Wohnort entfernt. Am Nachmittag des 31. August beluden wir zwei Wagen mit Hausrat, Lebensmitteln und sonstigem, was uns lieb und teuer war, um die Flucht anzutreten. Eine Aufforderung dazu ist von keiner Behörde oder Dienststelle gekommen. Jeder war sich praktisch selbst überlassen. Bei Einbruch der Dunkelheit verließen wir den Hof. Vater lenkte einen von zwei Pferden gezogenen Wagen, ich ebenso. Bruder Helmut lenkte eine Pferdekutsche, mit einem Pferd bespannt. In der Kutsche saßen Mutter, Jupp und Helga. So fuhren wir in völliger Dunkelheit erstmals Richtung Front.

Vater hatte einer im Nachbarort (ca. 6 km entfernt) wohnenden, uns gut bekannten

Familie zwei Pferde zur Flucht überlassen. Die Leute stammten aus Meerfeld (Kreis Wittlich). Mit ihnen war ein Treffpunkt an der Straße Metz-Nancy vereinbart. Als wir dort ankamen, war noch niemand zu sehen, außer zurückgehenden deutschen Truppen, zum Teil in Auflösung begriffen. Nach einiger Zeit des Wartens schickte mich Vater mit dem Fahrrad, welches wir dabei hatten, in den besagten Ort der Familie, um nachzusehen. Stockfinstere Nacht. Fahrweg eine Strecke ca. 4 km. Als ich in Cherressey, so hieß der Ort, ankam, war dort Totenstille, das Haus der Familie verlassen. Aus einigen geöffneten Fenstern starrten mich Leute an, doch auf meine Fragen bekam ich keine Antwort. So fuhr ich denn, als ob der Leibhaftige hinter mir her wäre und kam wohlbehalten bei meiner Familie an. In Wirklichkeit war mein Schutzengel wieder um mich herum.

Unser sogenannter „Freund", Spanier mit Namen, war wohl in Panik geraten, hatte unsere Hilfsbereitschaft schlecht gedankt und uns selbst in noch größere Gefahr, als sie ohnehin bestand, gebracht. Wir machten also eine Kehrtwendung und fuhren in fast gleicher Richtung, nur etwas weiter nördlich, also frontnäher, zurück.

Bei Hellwerden erreichten wir in Courcelles an der Nied die Bahnlinie Metz-Strassbourg. Der Bahnübergang war durch in beide Richtungen fahrende Transportzüge blockiert. Passieren unmöglich und alles bei klarem Himmel, also bestem Flugwetter. So standen wir endlos lange, ich weiß nicht mehr, ob es zwei oder drei Stunden waren, bis sich eine Lücke auftat und wir weiterfahren konnten. Zu der Zeit befanden wir uns – Luftlinie gesehen - höchstens 5 km vom Ort unseres vorabendlichen Aufbruchs. Im Laufe des Vormittags durchfuhren wir Boulay, einen größeren Ort, wo uns aus offen stehenden Fenstern und Türen viele feindselige Blicke trafen. Glücklicherweise kam uns eine Einheit der 3. Deutschen Panzergrenadier-Division entgegen, ein Umstand der zu unserem Schutze beitrug.

Dass es sich um die genannte Division handelte, habe ich viel später von einem Arbeitskollegen, Willi Schmitt aus Darscheid, erfahren. Er gehörte zu dieser Einheit. Bei der Weiterfahrt überflogen uns um die Mittagszeit 13 amerikanische „Lightning"-Doppelrumpf-Flugzeuge und drehten spiralförmig nach unten. Wir liefen ins freie, jedoch deckungslose Feld und erwarteten den Angriff. Doch plötzlich drehte der Verband ab und flog davon. Man hatte vermutlich festgestellt, dass nur Flüchtlinge und kein Militär auf der Straße waren. Ich möchte den Begriff Schutzengel nicht überstrapazieren, hier jedoch ist er angebracht.

Gegen Abend erfolgte in der Nähe von Teterchen unweit der deutschen Reichsgrenze ein Jabo-Angriff. Ziel und Wirkung konnten wir nicht erkennen. Wir duckten uns ins Gebüsch und Jupp wollte gar nicht mehr aus der Hecke hervorkommen. Helmut half noch einem Mann das Motorrad anschieben. Dabei hatten wir genug mit uns selbst zu tun. In Tromborn, dem nächsten Ort, verlor, so glaube ich, Vater die Nerven, denn er ordnete an, alles soweit wie möglich auf einen Wagen zu verladen. Dies ging ja nur zum Teil und so blieb manches an Vorräten, unter anderem 13 schlachtreife Gänse, sowie manche persönlichen Sachen zurück. Die frei gewordenen Pferde wurden an den verbliebenen Wagen festgebunden und so erreichten wir in der Dunkelheit den Ort Felsberg im Saargebiet. Ohne den nächtlichen Umweg und das Warten auf den unzuverlässigen „Freund" hätte man dies schon am Morgen erreicht. Wir übernachteten in einer Scheune, die Pferde blieben im Hof und lagen am nächsten Morgen noch müde auf dem harten Pflaster. So ging es denn weiter, bis wir am Abend den Ort Brotdorf erreichten, wo wir jedoch in einem Haus aufgenommen wurden. Tags darauf fuhren wir bis Kenn bei Trier, wo wir ebenfalls bei einer Familie übernachten konnten.

Am 04. September 1944, dem letzten Tag unserer Flucht, erreichten wir abends unseren alten Heimatort Tettscheid. In unserem Haus wohnte meine Tante Agnes, eine Schwester von Vater, mit zwei Kindern. Diese war, mit Einverständnis von Vater, aus Luxemburg – das auch schon Frontgebiet war – hier untergekommen. Man richtete sich für die erste Nacht notdürftig ein, am nächsten Tag zog meine Tante in ein anderes, leer stehendes Haus im Dorf. So waren wir denn, gesund an Leib und Leben, was ja das Wichtigste war, aber ohne wirtschaftliche Grundlage, wieder zu Hause. Es war kein Vorrat da, weder im Keller noch in Speicher oder Scheune. Zwei Pferde – die Tiere waren ja zu dem Zeitpunkt Eigentum des Staates – konnten wir behalten, die übrigen wurden von der Kreisbauernschaft (so hieß die Dienststelle in Daun) an einige andere Bauern in der Umgebung ausgeliehen. Onkel Jusepp in Tettscheid, den man in einer Notlage immer ansprechen konnte, hat uns in der ersten Zeit mit Futter und auch sonstigem ausgeholfen. Für ihn und seine Familie habe ich stets Dankbarkeit empfunden.

Anfang Oktober 1944 musste Vater auf Befehl der „Bauernsiedlung Westmark" – so hieß die Dienststelle – zurück nach Lothringen. Die Front hatte sich inzwischen durch das Zuführen von Reserven an der oberen Mosel stabilisiert. Vater und andere zurückbeorderte Bauern sollten das noch ausstehende Getreide einbringen und dreschen. Dem anrückenden Feind sollte nichts in die Hände fallen. Wie Vater später erzählte, wurde die Parole vom „Einsäen bis zum vordersten Graben" ausgegeben. Dies war einer der zur damaligen Zeit ausgegebenen „Scharfmacher-Sprüche". Dabei blieb es natürlich. Eingesät haben später die Amerikaner mit ihrer ungeheuren Materialüberlegenheit.

Doch zurück zu unserer Situation in Tettscheid. Onkel Jakob, Vaters Bruder, auch wohnhaft in Tettscheid, transportierte zu dieser Zeit die Milchkannen aus Udler, Brockscheid und Tettscheid zur Molkerei nach Gillenfeld. Dies geschah mit einem Pferdegespann vor einem Pritschenwagen. Auf diesem wurden die Kannen in Reihen nebeneinander aufgestellt. Dies zu wissen wird etwas später noch wichtig. Bevor Vater nun zurückverpflichtet wurde, machte Onkel

Jakob ihm schmackhaft, dass ich, keine 17 Jahre alt, diesen Milchtransport mit ihm teilen, das heißt, diese Fahrt an jedem zweiten Tag machen könnte. Der Hauptgrund war jedoch seine übergroße Angst vor den Tiefliegern, „Jabos". In diesem Zusammenhang darf ich noch einen andern „Herrn" aus Tettscheid erwähnen, der – wenn keine Gefahr bestand – mit die erste Geige spielen wollte, aber bei jedem herannahenden Flugzeug seine Zuflucht im damals noch üblichen Plumpsklo suchte. Ob ich Angst hatte, danach hat mich niemand gefragt. Dabei waren die erwähnten Herren Weltkriegsteilnehmer.

Der nun anstehende Milchtransport war nicht nur für mich, auch für die Pferde eine große Herausforderung. Die Tiere - übrigens beste Ardennerzucht, Kaltblut, sehr intelligent und brav – waren nur flaches, weiches Land, keine Teer- oder Pflasterstraßen und vor allem keine unvorhersehbaren lauten Geräusche gewohnt. Dies wurde aber bei der Aufgabe, die für einen noch nicht ganz 17-jährigen sehr verantwortungsvoll war, überhaupt nicht berücksichtigt.

So begann denn Anfang Oktober 1944 frühmorgens die erste Fahrt. Beim ersten Aufladen entstanden für die Pferde ganz ungewohnte klappernde Geräusche. Eines der Tiere, sowieso etwas temperamentvoller - (beide hatten etwa 6 Monate vorher noch ein Fohlen zur Welt gebracht, vielleicht auch ein Umstand, der zur Aufregung beitrug, besonders weil wir die Fohlen bei der Flucht nicht mitnehmen konnten), erschreckte und setzte zum Galopp an. Das andere zog mit, meine Zugleine zerriss, die schon aufgeladenen Milchkannen flogen auf die Straße. Die auslaufende Milch bedeckte, mit nun einsetzendem Regen, den Pritschenboden, auf dem ich saß und mit nur einer Hälfte der Leine – sie war noch am rechten, etwas ruhigeren Pferd befestigt – die rasende Fahrt zu stoppen versuchte. Nach etwa 400 m endete dieser „Ausflug" oberhalb des Dorfes vor einem Drahtzaun.

Als nun wieder alles hergerichtet war – Onkel Jakob, zu seiner Ehre sei es gesagt, half mir dabei – brachte ich die erste Fahrt hinter mich. So fuhr ich denn jeden zweiten Tag meine Tour nach Gillenfeld und es kam auch zu keinen weiteren nennenswerten Zwischenfällen.

Eines Tages eröffnete mir Onkel Jakob, dass ich auf der nächsten Fahrt ein schlachtreifes Schwein, zu dieser Zeit ein kleines Vermögen, zu Metzger Zillgen in Gillenfeld mitnehmen sollte. Statt selbst dieses Risiko (das Tier gehörte ja ihm) einzugehen, übertrug man mir diese heikle Sache. Diese Schwarzschlachtungen, um eine solche ging es ja, waren bei drastischen Strafen verboten. Vielleicht dachte er, ein 17-jähriger ginge beim Erwischtwerden straffrei aus. Doch es kam ein wenig anders.

Als das Schwein frühmorgens, es war so gegen Ende November, auf der flachen Pritsche hinter den aufgestellten Milchkannen in einer hohen, jedoch schmalen Holzkiste verladen war, wurde an meiner letzten Haltestelle im Ort ein dort von der Wehrmacht abgestellter getarnter Panzer-Spähwagen gestartet. Im Dorf lag nämlich eine Kompanie der Division „Großdeutschland". Durch dieses plötzliche Motorengeräusch schreckten die Pferde erneut und es ging im Galopp - ein wenig später allerdings Trab, also langsamer – zu allem Glück geradeaus bis in Höhe der ehemaligen Flak-Bunkerstellung zwischen Tettscheid und Trittscheid. Die Leine hielt (mittlerweile hatte ich eine reißfeste Leder-Kreuzleine), zudem waren die Pferde total erschöpft. Wie durch ein Wunder hatte ich keine Milchkanne verloren, die Schweinekiste samt Inhalt war jedoch nicht mehr zu sehen. Was nun tun? In Richtung Daun - jedoch etwas weiter östlich – hingen Markierungsbomben, Christbäume damals genannt, am Himmel. Dieser Umstand trug auch nicht zum

Mutschöpfen bei. Ich konnte das Gespann nicht alleine lassen, zum Umkehren war die Straße zu schmal, alleine hätte ich es ohnehin nicht geschafft. Außerdem drängte die Zeit, denn man sollte nicht zu spät ankommen. Also fuhr ich mit der Unbeschwertheit meiner 17 Jahre nach Gillenfeld, lieferte die Milch ab und war um die Mittagszeit wieder zu Hause.

Onkel Jakob kam mir, wie ich feststellte, gut gelaunt entgegen und fragte mich, was Metzger Zillgen denn gesagt hätte bezüglich Schlachttermin. Er wusste noch nichts von seinem „Glück". Nach einer erschöpfenden Aufklärung durch mich sah ich ihn etwas später zusammen mit dem Hauptfeldwebel der Kompanie – dieser war bei ihm im Quartier, ein wahrhaft glücklicher Umstand – in Richtung des schon genannten Fahrzeuges, welches das Ganze ausgelöst hatte, verschwinden. Im weiteren Verlauf dieser Aktion wurde die Sau wohlbehalten und gut getarnt, jedoch wohl kaum gegen Fliegersicht, hinter einem Gartenzaun entdeckt. Nach meinen Recherchen hatte die Besatzung des S.P.W. das Herabfallen der Kiste bemerkt, diese in Deckung gebracht und wahrscheinlich für die nächsten Tage einen zusätzlichen Speiseplan erstellt.

Ich persönlich hätte es den armen Kerlen gegönnt, denn am 16. Dezember musste die Einheit zur sogenannten „Ardennen-Offensive" antreten. Das „Intermezzo im Morgengrauen" wurde von keiner Seite jemals wieder erwähnt. Ich habe diese „Toleranz" im Nachhinein als Punktsieg für mich verbucht.

Kurze Zeit später, es mag Anfang Dezember gewesen sein, somit eine der letzten Fahrten nach Gillenfeld (die Molkerei wurde wegen Fliegergefahr geschlossen), erreichte ich mit meinem Gespann um die Mittagszeit die Anhöhe zwischen Udler und Brockscheid. Da näherte sich aus Richtung Gillenfeld ein sehr tief fliegender U.S.-Bomber 2 mot. Durch eine Qualmwolke, die er hinter sich herzog, konnte man erkennen, dass er angeschossen war. Flughöhe kaum 10 m, Flugrichtung genau auf mein Gespann zu. Ich sprang in den Straßengraben, doch da war die Maschine schon über mich hinweg und zerschellte höchstens 200 m weiter am Fuße der gegenüberliegenden Anhöhe. In diesem Zusammenhang sei der Schutzengel noch einmal erwähnt.

Ab Weihnachten, das Wetter war wieder klarer, verstärkte sich die Flugtätigkeit und so fielen Anfang Januar 1945 am hellen Tag 30 – 35 Bomben, 200 m oberhalb des Dorfes, zum Teil auf die Straße, aber auch in freies Feld. Etwas früher ausgeklinkt und sie wären mitten ins Dorf gefallen. Einige Tage später geschah Ähnliches am anderen Ende des Ortes nach der Lieser zu. Dort schlugen 200 – 300 m von den Häusern am Ortsrand entfernt 17 schwere Bomben (wir zählten die Trichter) in freies Feld im Flur „Auf der Troft" ein. Etwas später ausgeklinkt, hätten sie das Dorf getroffen.

Damit liegen die meisten, wenn auch nicht alle, gefährlichen Ereignisse hinter mir. So sei es mir gestattet, aus Dankbarkeit für die Hilfe und Errettung aus allen Gefahren die Worte zu setzen: „In wie viel Not hat nicht der gnädige Gott über mir Flügel gebreitet."

Am 14. Februar 1945 erhielt ich den Gestellungsbefehl. Fast alle meiner Alterskameraden waren bereits eingezogen. Durch unsere Rückkehr aus Lothringen – meine Papiere lagen sicherlich in Metz, nachher in Prüm war das Ganze für mich ein Glück – war meine Einberufung ins Stocken geraten. Ich sollte mich in Gillenfeld, „Hotel zur Post", heute „Gillenfelder Hof", melden. Dorthin war das zuständige „Wehrmeldeamt" verzogen. Ich wartete noch einige Tage und begab mich so um den 20. Februar 1945 nach Gillenfeld. Bruder Helmut begleitete mich. Anbei ein Fahrrad, das zu dieser Zeit zuverlässigste Verkehrsmittel. Mutter hatte mir einiges an Lebensmitteln eingepackt, die wir in einem Koffer mitführten. Helmut blieb mit dem Fahrrad samt Gepäck am Ortsrand in Richtung Udler zurück, während ich mich in das Hotel zur Post begab. In einem Raum (Büro) saß ein älterer, etwa 60jähriger Major, der mir, nach Aufnahme meiner Personalien, einen Marschbefehl nach Kirchen (Sieg) ausstellte. Er musterte mich, wobei ich glaubte, einen fast väterlichen Blick zu spüren, und fragte mich, ob ich mein Gepäck dabei hätte. Als ich dies verneinte, sagte er wörtlich: „Dann geh nach Hause, hole Deine Sachen und sieh zu, dass Du wegkommst." Dies hieß so viel wie: „Bleib daheim, lass Dich jedoch nicht erwischen". Für diesen mir völlig fremden Mann hege ich noch heute, 70 Jahre später, Dankbarkeitsgefühle. Es gab also noch Menschlichkeit in einer – im damaligen Regime begründeten – unmenschlichen Zeit.

So gingen Helmut und ich denn wieder nach Hause und wurden mit Erleichterung, aber auch einer gewissen Verwunderung empfangen. Fortan hielt ich mich tagsüber in Scheune, Wald oder wo auch immer, versteckt, denn es kamen öfter Feldgendarmen, „Kettenhunde" genannt - sie trugen an einer Kette um den Hals ein Blechschild mit der Aufschrift „Feldgendarmerie" – auf der Suche nach versprengten, vielleicht auch desertierten Soldaten ins Dorf. Hätte man mich, ich war ja wehrpflichtig, geschnappt, es hätte schlimme Folgen haben können. Ich war beileibe nicht verwöhnt, auch kein Feigling (ich denke, dieses kommt in meinen bisherigen Schilderungen zum Ausdruck), doch ich hätte dem Lauf der Dinge auch keine Wendung geben können.

Ergänzend zu den letzten Kriegsereignissen in unserer näheren Umgebung möchte ich noch den Einsatz der V1, einer unbemannten fliegenden Bombe mit dem Aussehen eines Flugzeugs, erwähnen. An der Straße Brockscheid-Gillenfeld befand sich eine Abschussrampe für diese Flugkörper, die mit Sprengstoff und Druckbehältern vollgepackt waren. Mit dem Ziel Antwerpen, einem Nachschubhafen der Alliierten, wurden sie gestartet. Als Treibstoff diente ein Benzin-Gasgemisch. Die Sache war jedoch wenig ausgereift und jedes Mal, wenn einer dieser Apparate am Himmel erschien - die Flughöhe war nicht sehr groß -, konnte man damit rechnen, dass er abstürzte. Dies geschah des Öfteren und so lagen Ende Januar – da wurde die Stellung geräumt – schätzungsweise 15 – 20 solcher Wracks (einige waren explodiert, jedoch ohne großen Schaden anzurichten) in einer Entfernung von 500 – 1000 m um Tettscheid, meinem Heimatdorf, herum. Rückblickend betrachtet stelle ich fest, dass auch hier ein guter Gott gewaltet hat.

Anfang März 1945 näherte sich die Front und am 06. März besetzten die Amerikaner Üdersdorf, einen etwa 5 km entfernten Nachbarort. Somit war der Krieg für uns zu Ende, ohne dass er – dem Himmel sei Dank – trotz aller Gefahren menschliche Opfer von unserer Familie gefordert hatte. Ein Umstand, der leider nicht für alle Familien zutraf. Diesen leidgeprüften Menschen hat mein persönliches Mitgefühl stets gegolten.

Am Ostermontag, es muss der 31. März 1945 gewesen sein, erschienen zwei Männer aus Üdersdorf, es waren dies Herr Wilhelm Reicharts und sein Schwager Phillip Willems. Herr Reicharts suchte für seinen bäuerlichen Betrieb einen Gehilfen (Knecht). Sie wurden insofern fündig, als dass Vater ihnen zusagte, dass ich den Dienst schon am nächsten Tag, dem 1. April, antreten könnte. Als ich am frühen Abend heimkam, wurde mir diese Neuigkeit zuteil. Nach meinem Wollen, geschweige denn meiner Meinung, wurde nicht gefragt. Es herrschte sozusagen eine gewisse Art von Leibeigenschaft.

So marschierte ich denn, bepackt mit einigen Kleidungsstücken, am nächsten Tag durch das Liesertal, die „Selz" (eine dort gelegene Wiesenflur), hinauf durch den Schlundgraben nach Üdersdorf. Dies war für mich kein Neuland, mussten wir doch früher als Kinder schon zu Schuster, Schmied oder Metzger öfter in diesen Ort gehen.

Ich fand mich also bei Familie Reicharts, neben Landwirtschaft auch ein Gasthaus, ein und wurde freundlich aufgenommen. Es harrte jedoch für einen 17-jährigen eine Menge Arbeit, war doch die Scheune in den letzten Kriegstagen vor Einrücken der Amerikaner durch den deutschen Werferbeschuss abgebrannt und musste zusätzlich zu der anderen Arbeit vor der Ernte wieder aufgebaut werden. Mit landwirtschaftlicher Arbeit sowie im Umgang mit Pferden war ich aus meiner Tätigkeit in Lothringen vertraut. Mit den dortigen Pferden konnte ich bestens umgehen, hier jedoch war ein Pferd viel größer, schwerer und von der Statur unbeholfen. Da ich auch nicht der Größte, aber doch normal gewachsen war, fiel es mir schwer, diesem Tier das Zuggeschirr („Kummet" genannt) über den Kopf und um den Hals zu legen. Ich war jedoch bei den Leuten gut aufgehoben und so verging das Jahr 1945 mit der alltäglichen bäuerlichen Arbeit.

Hier jedoch noch eine andere Episode: Im Oktober 1945 erschienen zwei Männer aus

Lothringen bei Vater in Tettscheid, einer von ihnen war der Besitzer oder Pächter des von uns zuletzt bewirtschafteten Hofes, um die von uns bei der Flucht mitgenommenen Pferde zurückzuholen. Unseren Wohnort hatte man wohl über die französische Militärverwaltung erfahren. Dem Eigentümer der Tiere, es waren 10 Stück, gelang es mit Vaters Hilfe die Pferde in 2 – 3 Tagen – während dieser Zeit war er bei meinen Eltern untergebracht – zusammenzubringen. Sie standen ja in verschiedenen Ställen in der Umgebung. Herr Wiese, so hieß der Besitzer, hegte uns gegenüber keinerlei Antipathie oder Groll. Er war froh, sein Eigentum unversehrt zurück bekommen zu haben. Ich persönlich gönnte diesen treuen Tieren, die uns auf der Flucht große Dienste geleistet hatten, die Heimkehr in ihre alte Heimat, die ich auch selbst ins Herz geschlossen hatte. Wie Herr Wiese meinem Vater erzählte, waren auch die beiden von mir schon erwähnten Fohlen noch vorhanden. Was mag das für ein Wiedersehen mit ihren Müttern gegeben haben! 1975 haben wir Herrn Wiese noch einmal besucht. Er hatte sich zur Ruhe gesetzt und war nicht mehr auf
dem Hof.

Im Hause Reicharts in Üdersdorf blieb ich bis zum 1. April 1946. Dann ging ich zurück nach Tettscheid. Inzwischen waren wieder zwei Pferde und einige Stück

Rindvieh im Stall. So war wieder etwas mehr Arbeit zu tun, da auch das Holzrücken im Wald allmählich wieder begann. Da man mit Geld nicht viel anfangen konnte – es hatte um diese Zeit kaum noch Wert – bekam man von den Sägewerken oder Holzhändlern, für die man Arbeit geleistet hatte, Holzstämme überlassen. Diese ließ man zu Brettern schneiden, tauschte sie, meistens an der Mosel, gegen Wein bzw. Schnaps, den man denn anderswo gegen andere Bedarfsartikel eintauschte. Es war, wie manche Leute treffend sagten, die sogenannte „Ramschzeit".

Dieser Zustand mit allen erwähnten Begleiterscheinungen hielt an bis zur sogenannten Währungsreform im Sommer 1948. Da gab es pro Kopf der Bevölkerung 40 DM. Dies war das Startkapital in eine neue und, wie man hoffte, bessere Zukunft. Für mich persönlich, da ich bis dahin mehr Tiefen als Höhen erlebt hatte, konnte und sollte es nur besser werden. Doch bis dahin ist noch, wie man sehen wird, ein langer, auch steiniger Weg. Man bekam jedoch wieder etwas für sein Geld, sofern man Arbeit hatte, und damit war es in der Eifel noch schlecht bestellt. Die Landwirtschaft warf nicht viel ab, reichte gerade zum Leben. Jedenfalls lief jetzt alles, besser gesagt fast alles, in ruhigeren Bahnen. Vater war durch die zurückliegenden Ereignisse, besonders durch unsere Flucht und den schwierigen

Neubeginn, etwas geläutert, umgänglicher geworden. Es gab zwar hin und wieder ein paar Ausreißer, doch die waren in der Eifel - bedingt durch widrige Umstände (wenig Barmittel, dadurch karge Lebensweise) – keine Seltenheit.

Im Herbst 1947 ging Bruder Helmut nach Manderscheid in eine Lehre als Schmied/Schlosser. Er war dort nicht beim Lehrherrn sondern anderswo untergebracht und kam am Wochenende heim, anfangs noch mit dem Fahrrad. Als Beitrag zu seiner Verpflegung wurde bei uns ein Schaf geschlachtet und nach Manderscheid gebracht. Eines Tages, das Datum weiß ich nicht mehr, bekam Helmut ein gebrauchtes Motorrad. Damit konnte er, sofern es lief (das war jedoch nicht immer der Fall), abends nach Hause kommen. Der Sonntag (samstags wurde ja noch voll gearbeitet) ging dann größtenteils mit Reparieren drauf. Doch davon wurde man, wie früher schon erwähnt, auch nicht dümmer.

Im Sommer 1949 und auch im folgenden, 1950 also, arbeitete ich bei Wilhelm Mertens aus Daun in dessen Sandgrube auf Weinfeld. Der anfallende Vulkansand musste mit der Kreuzhacke gelöst, also gegraben, und mit der Schaufel auf LKW verladen werden. Arbeitszeit täglich 8,5 Stunden. Wochenlohn 40 DM. Harte Arbeit, karger Lohn.

Im Herbst 1950 ging Helmut, mein Bruder, (er hatte seine Lehre in Manderscheid beendet) nach Düsseldorf-Benrath zur „Demag" (Baggerfabrik). Anfang Februar 1951 folgte ich ihm dorthin. Ich kam dort in die Abteilung Zusammenbau von Bagger- und Kranauslegern. Es war eine für mich ungewohnte Tätigkeit, gab es doch vieles, was für einen Eifeler Jungen Neuland bedeutete. Völlig fremde, laute Umgebung, ungewohnte Arbeit, aber auch der Ton der Sirenen bei Arbeitsbeginn und –ende sowie in den Pausen machten mir anfangs zu schaffen. Das Arbeitsklima unter und mit den neuen Kollegen war jedoch gut. Außerdem hatte ich einen verständnisvollen Vorarbeiter, Herrn Berger, angetroffen. Dieser bemerkte meinen guten Willen und brachte mir auch sonst noch manches, z.B. Elektroschweißen bei. So lebte und arbeitete ich mich allmählich ein und dies zur vollen Zufriedenheit von Herrn Berger. Wir wohnten mit sechs Mann, alle etwa gleichaltrig, in einem ziemlich großen Raum, einer Steinbaracke. Essen bekam man mittags und auch abends in der Werkskantine zum Preis von 50 Pfennig pro Mahlzeit. Dieses Werk war damals schon recht sozial eingestellt. Von meinem Lohn, gegenüber Eifeler Verhältnissen recht ordentlich, konnte ich monatlich etwas nach Hause schicken. Es war dort sehr willkommen.

In der Eifel begann um diese Zeit, 1951/52, der Flugplatzbau. Bitburg, Spangdahlem und Hahn, im Hunsrück gelegen. Zwischen Trittscheid und Tettscheid, also in der Nähe unseres Dorfes, lagerten große Mengen an Lavasand, herrührend aus der früheren hiesigen Vulkantätigkeit. Dieses Material war auf einmal für die genannten Bauvorhaben sehr gefragt. Dieser Umstand, dazu noch ein gewisses Zureden von anderer Seite, bewegten Vater dazu, im Winter 1951/1952 bei der Firma Auto-Stark in Daun einen neuen LKW zu kaufen. Ein, wie man anfangs meinte, gutes, wie sich später herausstellte doch etwas gewagtes, Unterfangen. Weder er, noch Helmut oder ich besaßen zu diesem Zeitpunkt die erforderliche Fahrerlaubnis (Führerschein), bzw. die nötigen Kenntnisse bzw. Erfahrungen im Transportwesen. Mithin keine allzu guten Voraussetzungen.

Helmut und ich wurden kurzerhand aus Düsseldorf zurückbeordert, um in das nun anlaufende Fuhrgeschäft einzusteigen. In meinem Falle, nur diesen kann ich beurteilen, geschah das sehr zum Leidwesen von Herrn Berger. Durch gutes Zureden versuchte er mich zu halten, meinte auch, dass ich in 2 – 3 Jahren in einer weitaus besseren Position sein könnte. Beim Abschied sagte er wörtlich: „Wann immer Du willst, Du kannst zurückkommen." Ich muss jedoch gestehen, dass bei dieser ganzen Sache die Heimatverbundenheit auch eine gewisse Rolle spielte. Trotzdem habe ich später oft gedacht: „Ach, wärst Du doch in Düsseldorf geblieben."

Doch die Dinge nahmen ihren Lauf. Nachdem unser LKW - er war an der Baustelle einer Baufirma in Trier-West eingesetzt – etwa 6 Wochen von einem anderen Fahrer gefahren wurde, übernahm Bruder Helmut (er hatte seinen Führerschein auf Anhieb bestanden) das Lenkrad. Es war dies in Trier eine größere Baustelle, die sich noch eine Zeitlang hinzog. Auch ich, damals noch ohne Führerschein, arbeitete dort, sagen wir es einmal etwas salopp, beim „Fußvolk", d.h., mit Hacke, Schaufel usw. Maschinen gab es noch kaum. Die größte Errungenschaft, abgesehen von den LKW, die auch alle noch mit der Schaufel, also in Handarbeit, beladen wurden, war eine Straßenwalze - nicht nur ge- sondern mehr noch verbraucht. Es entzieht sich meiner Kenntnis, wann die ersten dieser Maschinen auf den Markt kamen, die hier erwähnte gehörte bestimmt dazu. Die Qualität der geleisteten Arbeit, obwohl mit großem körperlichen Aufwand betrieben, war entsprechend. Dies wiederum zog den Unmut der Bauleitung – Aufsicht - nach sich, der mit manchem, teils berechtigtem, teils unberechtigten Rüffel bis hin zum Anschnauzen zum Ausdruck gebracht wurde. Hier sei noch einmal auf meinen Vers bezüglich Düsseldorf verwiesen.

Ich blieb bis in den Herbst bei genannter Baufirma, die Einsatzorte wechselten, die Atmosphäre (Betriebsklima) wechselte kaum zum Guten, tendierte meistens nach der Negativseite. Hier war also auf Dauer gesehen für mich keine Zukunft. Beeinflusst und vor allem geschürt von gewissen Leuten – Namen möchte ich nicht nennen – entstand, sagen wir es einmal in milderer Form, ein gewisser „Futterneid", so dass jemand, der auch schon mal seine eigene Meinung äußerte, keine Chance hatte. Ich wurde nicht entlassen, dazu gab es keinen Grund, doch bei Einbruch des Winters, schon im Spätherbst, herrschte Arbeitsmangel, kam jede Bautätigkeit zum Erliegen.

Ich machte Ende September 1952 meinen LKW-Führerschein, eignete mir bald etwas Fahrpraxis an und Vater kaufte im Frühjahr 1953 einen zweiten ge- besser gesagt verbrauchten LKW. Er hatte auch in diesem Falle wie schön öfter schlechte Ratgeber, bei denen das Profitdenken damals schon im Vordergrund stand. Heute gehört es ja leider zum Alltag. So transportierten wir mit beiden Fahrzeugen Lavasand nach Bitburg, Spangdahlem oder Flugplatz Hahn sowie für andere Straßenbauten hauptsächlich im Hunsrück. Es war, wie sich im Laufe der Zeit immer mehr herausstellte, eine reine – man sehe mir den Ausdruck nach – „Materialschlacht". Verschleiß und Kosten überhaupt, standen in keinem guten Verhältnis zum Erlös. Zudem gab der zuletzt gekaufte LKW (eine, wie man in Fachkreisen zu sagen pflegte, „ausgelutschte Karre") im Spätherbst 1953 seinen Geist auf. Der Versuch, ihn in Eigenleistung zu reparieren, konnte nichts anderes als fehlschlagen, da die nötigen Voraussetzungen, Werkzeug, Ersatzteile fehlten und bei einem solchen „Veteranen" auch nicht mehr zu bekommen waren. So musste man froh sein, das gute Stück noch zum Schrottpreis los zu werden. Man hatte also in diesem Jahr 1953, wie es die Eifeler oft treffend ausdrückten, die Katze durch den Bach gezogen, das heißt unter dem Strich blieb nicht viel.

Doch mit Mut und Idealismus (letzterer war reichlich vorhanden) erwartete man das Jahr 1954. Einen Höhenflug (wie ihn der deutsche Fußball in diesem Jahr mit dem Gewinn der WM erlebte) gab es jedoch nicht. Man hatte einen anderen LKW, „Büssing", erworben, glaubte auch, da der Flugplatzbau Büchel anstand, an bessere Verdienstmöglichkeiten. Ein Trugschluss, wie sich bald herausstellen sollte. Es regnete den ganzen Sommer, also in der Hauptsaison, die Baustellen versanken im Schlamm, durften somit nicht befahren werden und die Erwartungen erfüllten sich nicht. Hier zeigte sich erneut der Nachteil der ländlichen Gegend - keinerlei Industrie - gegenüber den Ballungsgebieten. Man war fast nur auf die jeweils anfallende Bautätigkeit angewiesen. Dieser Umstand schlug sich natürlich auch auf die Transportentgelte nieder.

Anfang 1955 trat eine leichte Besserung ein. Es gab Transportaufträge, wenn auch nicht in großem Umfang, bei einem Steinbruchbetrieb in Üdersdorf, einem unserer Nachbarorte. Es gab einige Straßenbaumaßnahmen in näherer, zum Teil etwas weiterer, Umgebung. Dorthin lieferten wir das entsprechende Material.

In diesem Zusammenhang möchte ich eine Begebenheit erwähnen, die mich um ein Haar - und dies in des Wortes wahrer Bedeutung – das Leben gekostet hätte. Beim Beladen meines LKW, das Schüttgut lief aus einem Hochsilo auf die Ladefläche, schaute ich durch das offene Seitenfenster nach hinten, um auf die erforderliche Menge zu achten. Plötzlich verspürte ich einen nicht allzu starken Schlag auf die Schädeldecke. Etwas benommen verließ ich das Fahrerhaus. Meine Mütze – vielleicht ein Glück, dass ich sie trug, lag am Boden, daneben eine 3 m lange, 2 cm dicke Holzbohle. Diese hatte sich in ca. 7 – 8 m Höhe, wo sie als Schutz gegen überlaufendes Gestein zwar angebracht, jedoch schlecht befestigt war, gelöst und stürzte senkrecht zu Boden. Auf diesem Wege streifte sie das Dach des Fahrerhauses - man sah es an einer kleinen Delle im Blech -, wodurch sich die Fallrichtung etwas nach außen veränderte, und riss mir die Kopfhaut auf. Die Wunde blutete und um diese zu stillen, fuhr ich mit beladenem LKW in den Ort zu Frau Agnes Gruber, einer älteren ehemaligen Krankenschwester. Frau Gruber reinigte die offene Wunde, schnitt das Haar drumherum etwas weg, brachte die aufgerissene Haut wieder in normale Lage und befestigte sie mit Heftpflaster. Ich war zwar auf keinem vorgeschobenen Verbandplatz an der Front, doch glaube ich, es wäre in der Erstversorgung kein Unterschied gewesen. Frau Gruber jedoch, zu ihrer Ehr sei es gesagt, hatte das in ihrer Macht stehende getan und die Verletzung heilte auch bald zu. An diesem Tag jedoch - es war kurz nach Mittag, als sich der Vorfall ereignete – setzte ich meine Tätigkeit fort, als ob nichts geschehen wäre. Ich hatte und habe noch heute gutes Heilfleisch und vor allem einen eisernen Willen, gepaart mit großem Gottvertrauen. Aus dieser Richtung habe ich stets große Hilfe, im vorliegenden Fall großen Schutz, erfahren.

So blieb das Jahr 1955 ohne Aufschwung, es dümpelte alles so vor sich hin. Im Dezember heiratete Bruder Helmut Gisela, seine Freundin aus Üdersdorf und verzog dorthin.

Im Winter 1955/56 schrumpften, wie immer um diese Jahreszeit, die Verdienstmöglichkeiten derart, dass man sich allmählich wie ein Überlebenskünstler vorkam. Da zeigte sich - wie sich jedoch erst später herausstellte - Anfang März ein Silberstreif am Horizont. Durch Zunahme der Milcherzeugung in der Landwirtschaft vergab die „Molkerei-Genossenschaft Laufeld" einen Auftrag zur Milchanlieferung. Das geschah zu der Zeit noch mit Kannen von 10 und 15 Liter Inhalt. Er betraf die Anlieferung aus den Orten Tettscheid, Brockscheid, Udler, Saxler, Ellscheid, Demerath und Winkel.

Wir bewarben uns und erhielten den Zuschlag.

Am 15. April 1956 war die „Jungfernfahrt". Angefahren wurde früh um 6 Uhr, Ende um die Mittagszeit. Vater und Bruder Jupp, der mittlerweile den Führerschein erworben hatte, übernahmen diese täglichen Fahrten, die auch sonntags, ebenso an allen vorkommenden Feiertagen, durchgeführt werden mussten. Wichtig war auch, dass keiner krank wurde, was sich jedoch nicht immer vermeiden ließ. Für diesen Fall musste man sich nach Ersatz umsehen. Nicht immer leicht.

Ich jedenfalls übernahm den anderen, größeren LKW „Büssing" mit Anhänger und beteiligte mich an Lavasand-Transporten aus einer Grube bei Lissingen, später ab Bettenfeld, zu verschiedenen Baustellen (Straßen- und Flugplatzbau) im Bitburger

Raum. In diesen Wochen, ja Monaten, habe ich öfter im Fahrerhaus des LKW als zu Hause im Bett geschlafen. Dies geschah fast nur am Wochenende. Sonntags habe ich Vater, hin und wieder auch Jupp, bei der Milch-Tour abgelöst. Zur Übernachtung im LKW möchte ich bemerken, dass es keine Schlaf-Kabine im heutigen Sinne war, sondern ausgesessene, kahle Ledersitze, ausgelegt mit einer Wolldecke. Die Türen zudem undicht. Der schon erwähnte „Silberstreif" am Horizont wurde indes etwas heller und diese Tatsache half über vieles hinweg. Es bestätigte sich in dieser Zeit, dass Zähigkeit, Mut und Einsatzbereitschaft zu einem, wenn auch noch bescheidenen, Erfolg führen können. Diese Tendenz setzte sich 1957 fort, ich führte Kies-Transporte von Ehrang nach den schon genannten Bitburger Baustellen durch und am Jahresende konnte man ein etwas zufriedenstellenderes Fazit ziehen.

Doch zu überschwänglicher Freude bestand noch kein Grund, zu sehr hatten die zurückliegenden harten Jahre ihre Spuren – von außen nicht sichtbar – hinterlassen. Auch waren unsere Fahrzeuge in die Jahre gekommen und eine Neuanschaffung wurde dringend nötig. Nach eingehenden Überlegungen (Vater überließ Jupp und mir zum Teil die Entscheidung, auch ein Fortschritt) bestellten wir im Februar/März, das Datum weiß ich nicht mehr genau, einen neuen, damals modernen MAN-LKW.

Ein schönes Fahrzeug, auch der Name bürgte für Qualität und Zuverlässigkeit. letzteres war für die Milchanfuhren von großer Bedeutung. Zuspätkommen konnte man sich aus den verschiedensten Gründen nicht leisten. Dieses Auto verfügte über eine größere Ladefläche, war im Aufbau niedriger gehalten und bedeutete eine große Arbeitserleichterung. Abholtermin war Anfang Mai 1958 im MAN-Werk in Dachau bei München. Der von mir bis dahin gefahrene LKW wurde nicht mehr angemeldet und für das neue Fahrzeug in Zahlung gegeben. Viel Geld war jedoch nicht mehr zu erwarten. Mit dem anderen Altwagen geschah dasselbe. Er musste jedoch noch bis zur Lieferung des neuen durchhalten. Er schaffte es gerade so, brach – wie man beim Sport zu sagen pflegt – auf der Ziellinie zusammen. Bruder Jupp bekommt heute noch Alpträume, wenn er daran denkt. Er machte nämlich die letzten Fahrten mit dem „Patienten". Zum Abholtermin fuhren Vater und ich mit erstgenanntem Fahrzeug bis Stuttgart. Es sollte in Stuttgart-Feuerbach auf einen Sammelplatz gebracht werden. Wir starteten am frühen Morgen und erreichten Feuerbach um die Mittagszeit. Aus Kostengründen hatten wir nur so viel getankt, um das Ziel soeben zu erreichen. Wir schafften es buchstäblich mit dem letzten Tropfen – gut kalkuliert.

Wir fuhren dann per Bahn nach München, wo wir übernachteten, um am anderen Morgen im MAN-Werk Dachau zu sein. Nach einer deftigen bayrischen Brotzeit wurde uns, zusammen mit anderen Kunden, denn solche waren wir nun, das neue Fertigungswerk vorgestellt und erklärt. Das Ganze zog sich hin bis zum späten Nachmittag. Um etwa 16 Uhr 30 ging es auf die Heimfahrt. In der Nacht, etwa um 3 Uhr früh, waren wir todmüde zu Hause. Nun begann, ich möchte es so ausdrücken, eine neue Ära. Ich fühlte mich wieder als wer.

In der Folgezeit trafen mich von einigen Seiten nicht nur freundliche, wohlwollende Blicke. Schließlich hatte man nicht nur Freunde. Neid muss man sich bekanntlich erarbeiten, Mitleid bekommt man umsonst. Doch es gab und gibt heute noch, wie zu allen Zeiten, auch gute Menschen.

Den besten, besser gesagt für mich die Beste, lernte ich im Januar 1958, also vor fast 60 Jahren, anlässlich einer Dorfkirmes in Ellscheid kennen. Maria mit Namen, in Udler zu Hause. Maria, elternlos (diese waren beide 1951 bzw. 1952 verstorben) lebte seit ihrer Kindheit im Haushalt ihrer verheirateten, jedoch kinderlosen Tante

Elisabeth (Liss) und deren Mann Pitter. Zum Haushalt gehörte noch ihr lediger Onkel Jakob, allgemein Kobbes genannt. Dieses zu wissen wird noch von Bedeutung sein und dient dem besseren Verständnis der sich später ergebenden Situationen. Bei meinen ersten Besuchen im Haus der oben Genannten wurde ich zwar kritisch, aber doch mit einem gewissen, sagen wir mal, Wohlwollen empfangen. Man kannte sich ein wenig von früher. Im Laufe des März 1958 verschlechterte sich dieses Klima. Wie ich bald in Erfahrung brachte, hatte, von einer gewissen Seite gesteuert, eine Hetz-Kampagne, die in allen möglichen Diffamierungen gipfelte, gegen mich eingesetzt.

Um gegen derartige Machenschaften rechtlich vorzugehen fehlten mir schlüssige Beweise. Wenn es darauf ankam wurde gekniffen. Gegen Sprüche wie „ich habe gehört", „der oder der hat gesagt", „mir ist zu Ohren gekommen" oder ähnlichen dummen Redensarten konnte und kann man auch heute noch nicht viel ausrichten. Mir war nur wichtig, dass Maria zu mir hielt - dies umso mehr, als dass ihr nach der Dorfkirmes in Udler Anfang Mai, welche wir beide zusammen feierten, von Onkel und Tante eröffnet wurde, dass sie das Haus, in dem sie fast 20 Jahre sozusagen daheim war und 10 Jahre davon gearbeitet hatte, verlassen sollte. Ein gewaltiger Schock!

Sie stand nun da, ohne einen Pfennig eigenes Geld, ohne Ersparnisse, denn für die Tätigkeit bei Onkel und Tante hatte sie neben Kleidung lediglich ein äußerst knapp bemessenes Taschengeld erhalten. Über dessen Verwendung wurde – besonders nach einem Kirmesbesuch mit Tanz, zum Beispiel in den Nachbarorten – noch eine gewisse Rechenschaft verlangt. Außerdem fühlten sich noch einige Zeitgenossen dazu berufen, wie schon einmal erwähnt, Zwietracht zu säen bzw. zu schüren. Sie liefen als Wölfe in Schafspelzen umher. Ich möchte nicht (es steht mir auch nicht zu) darüber richten. Es wird dies an anderer, höherer Stelle geschehen. Wie man aber ein derartiges Verhalten mit der so gerne nach außen dargestellten, sogenannten christlichen Einstellung vereinbaren will oder kann, ist mir noch heute ein Rätsel. Die drei alten Leute, im Grunde konnten sie einem leidtun, da sie für alles Gerede sehr aufnahmebereit waren, plagten sich in der Folge mehr schlecht als recht auf ihrer Landwirtschaft, doch es beflügelte sie noch ein gewisser Ehrgeiz, gepaart mit einer Portion Dickköpfigkeit, bei vielen Eifelern keine Seltenheit.

Maria, sie wohnte fortan mit einigen, ledigen Geschwistern in ihrem Elternhaus in Udler, trat eine Stelle in einem Haushalt mit

Fremdenpension in Manderscheid an und blieb dort bis zum Herbst; es war ja ein Saisonbetrieb. Sie war bei der Familie (Schneider) gut aufgehoben und ich konnte sie jeden Sonntagnachmittag (da hatte sie frei) besuchen. Wir beide verlebten einen herrlichen, unbeschwerten Sommer, der uns für die vielen vorangegangenen, gelinde gesagt, Widerwärtigkeiten entschädigte.

Im Hinblick auf und passend in diese erste gemeinsame Zeit fallen mir die folgenden Verse ein. Von wem bzw. wo sie herrühren, weiß ich nicht. Ich habe sie irgendwo gelesen:

Es war nur ein sonniges Lächeln, es war nur

ein freundliches Wort, doch scheuchte es

lastende Wolken und schwere Gedanken fort

Es war nur ein stummes Grüßen, der

tröstende Druck einer Hand, doch schien es

wie eine Brücke, die sich plötzlich gespannt

Ein Lächeln kann Schmerzen lindern,

ein Wort kann von Sorgen befrei'n, ein Händedruck Schweres verhindern und Liebe und Glauben erneu'n

Es kostet wenig zu geben: Wort, Lächeln und helfende Hand, doch wird warm und hell das Leben, dem, der solch Trösten verstand.

1959 blieb Maria in ihrem Elternhaus, wo sie ihrem Bruder Josef im Haushalt und in der Landwirtschaft half, da ihre Schwester Barbara auch einmal den „Duft der großen weiten Welt" schnuppern wollte und eine Stelle als Hausgehilfin in einem Arzthaushalt in Trier annahm. Ich war indessen noch im elterlichen Betrieb mit Milchanfuhr beschäftigt, wobei mich ab Frühjahr 1959 Marias jüngerer Bruder Leo als Beifahrer unterstützte.

Getreideernte 1959 – Maria Schmitz mit Brüdern

Meine berufliche Tätigkeit – nebenbei wurden Transporte für die Landwirtschaftliche Genossenschaft „Raiffeisen" in Daun durchgeführt - verlief in geordneten Bahnen. Der Silberstreif am Horizont wurde wieder etwas heller. Dazu trug die Erweiterung meiner täglichen Milchtransporte durch das Hinzukommen des Ortes Eckfeld bei. Um das tägliche Aufkommen zu bewältigen, kauften wir einen LKW-Anhänger. Trotzdem war das Milchaufkommen mit einer Fahrt nicht zu bewältigen. Von Anfang Mai bis Oktober wurde täglich zweimal gefahren, einmal mit dem Zugwagen solo, einmal mit Anhänger. Arbeitsbeginn morgens um 5.00 Uhr bis mittags 14.00 Uhr. Eine enorme körperliche Belastung. Der Genossenschaft war damit gut gedient, war sie dadurch doch nicht gezwungen, ein zusätzliches Fahrzeug bzw. Unternehmer einzustellen. Man hat es mir, wie wir noch sehen werden, schlecht gedankt.

Was die Milchanfuhr zur damaligen Zeit betraf, hier einige Anmerkungen oder vielmehr Fakten:

Die Milch wurde von den einzelnen Lieferanten in verzinkten Kannen von 10 und 15 Litern Inhalt abgefüllt. In den Dörfern waren je nach Lage Abholstellen eingerichtet. Es waren dies Holzbänke – etwa 80 cm hoch, Breite und Länge nach Bedarf. Diese Einrichtung war Vorschrift seitens der Genossenschaft. Sie war vor allem zum Schutz gegen freilaufende Hunde gedacht

(Bein heben), war aber auch eine große Hilfe beim Beladen.

Denn hierbei war Muskelkraft gefragt. Doch wie man weiß: „Der Mensch wächst mit seinen Aufgaben". Diesen Satz habe ich mir immer zu Herzen genommen und musste es auch. Ich habe ihn auch später oft zu meinen Kindern gesagt (ich weiß von einer meiner Töchter, dass sie sich in schwierigen Situationen genau diesen Satz vorsagt).

Die Milchanfuhr war über acht Orte ausgedehnt und betraf schätzungsweise 250 – 300 Lieferanten und erwartungsgemäß eine Vielzahl von Ansichten und Meinungen. Auch ich selbst musste hin und wieder meine Sicht der Dinge etwas verändern.

Ich konnte jedoch die Geschäftsleitung der Genossenschaft durch Leistung, Verantwortungsbewusstsein und Pünktlichkeit überzeugen.

Aus dieser Tätigkeit und dem Umgang mit so vielen unterschiedlichen Menschen sind zum Teil bis heute anhaltende gute Beziehungen, sogar einige Freundschaften, entstanden.

Ein anderer Umstand, der die Transporte erschwerte, waren die desolaten Straßenverhältnisse.

Ab Tettscheid bis in die Nähe von Brockscheid war die Straße – je nach Jahreszeit und Witterung – eine von Rillen und Schlaglöchern durchzogene Sandpiste. Ab Brockscheid bis Udler und von dort bis Saxler war es kaum besser. Ab Saxler war es ein fester, gut ausgebauter Wirtschaftsweg. Ebenso von Demerath nach Winkel.

Diese Verhältnisse kosteten Zeit, die man bei der morgendlichen Anfahrt einkalkulieren musste. Die Maschinen im Molkereibetrieb durften oder sollten, nachdem sie angelaufen, nicht mehr bis Ende der Schicht abgestellt werden. Erneutes Anlaufen kostete wieder Zeit und – was wichtiger war – Energie (Strom).

Durch eigenes Verschulden bin ich in fast zehn Jahren dieser Tätigkeit einmal zu spät gekommen. Es war an einem Rosenmontag. Meine Entschuldigung beim Geschäftsführer Heinrich Wolters (übrigens ein korrekter, ehrlicher Mann, den ich heute noch in guter Erinnerung habe) hat dieser mit einem Lächeln quittiert.

Zurückkommend auf die Straßenverhältnisse noch einige Anmerkungen den Winter betreffend:

Der Räum - und Streudienst war zu dieser Zeit bei weitem nicht auf dem heutigen Stand. Ich habe zum Beispiel zwischen Saxler und Ellscheid sowie Demerath und Winkel nie ein Räumfahrzeug gesehen. Die Schneedecke war meist festgefahren, mithin sehr glatt. Man war gezwungen, Schneeketten aufzuziehen. Und das bei doppelter Bereifung der Hinter-Antriebsachse. Kam man nun auf geräumte Strecken (Hauptstraßen), mussten die Ketten von den Rädern, sonst waren sie schnell verschlissen.

All diese Begleiterscheinungen wurden im Winter 1962/63 noch verstärkt durch extreme Kälte. Wir wohnten damals in Boverath nach Daun zu, unmittelbar an der Lieser. Es waren morgens bei Fahrtbeginn um etwa 6.00 Uhr bis 6.30 Uhr Temperaturen um 20 Grad minus!

Mein Fahrzeug war noch fast neu, erst im September angeschafft, mithin noch zuverlässig. Und doch gab es Schwierigkeiten insofern, dass der Treibstoff (Diesel) gelierte, dickflüssiger wurde. Er kam dadurch zum totalen Stillstand und der Motor infolgedessen ebenfalls. So musste man morgens des Öfteren die Kraftstoffleitungen mit brennender Zeitung (ob man es glaubt oder nicht) anwärmen. Es half jedenfalls und sobald der Motor Betriebstemperatur erreicht hatte, konnte man anfahren.

Alfred Schmitz und Leo Steffes mit MAN520

Ein paar Mal traten diese Störungen auch während der Fahrt auf. Dies einmal, in des Wortes wahrer Bedeutung, zu gänzlich ungelegener Zeit.

Am Morgen des ersten Weihnachtstages 1962 in Gillenfeld, mitten im Ort, unmittelbar vor dem damaligen „Hotel zur Post". Ich musste unter das Auto und wärmte mit brennenden Zeitungen (davon hatte man immer genug dabei) die in Frage kommenden Leitungen an, während mein Beifahrer (Schwager Leo war es nicht) sich im Gasthaus mit einigen „Kurzen" aufwärmte. Es war ihm gegönnt.

So war denn bald – außer mir selbst – alles wieder auf Temperatur und man brachte diese Feiertagsfahrt gut zu Ende.

Kurz danach erfuhr ich irgendwie, dass durch Hinzufügen von 15 % Benzin zur üblichen Dieselmenge solche Schwierigkeiten nicht mehr zu befürchten wären. In der Folgezeit hat sich das voll und ganz bestätigt.

Das Milchabholen war in den Dörfern zu einer festen Einrichtung, um nicht zu sagen zu einem „Bestandteil des Dorflebens" geworden. Der Fahrer – also ich – war der „Milchmann", das Fahrzeug das „Milchauto". Man genoss (das glaube ich, sagen zu dürfen) einen gewissen Respekt. Ich muss gestehen, dass man durch den täglichen Umgang mit so vielen Menschen deren Anliegen, auch Sorgen (zum Beispiel um die Milch - es war für die kleineren Lieferanten eine lebens-notwendige Einnahmequelle) immer besser verstehen konnte.

Es gab hin und wieder, jedoch immer seltener, einige Ausnahmen vom reinen Milchtransport. In diesen Jahren wurde das „Milchauto" auch des Öfteren zur Personenbeförderung genutzt. Mal wollte eine Frau von B. nach W., mal von B. nach E., mal ein Mann von E. nach B. Mein Fahrzeug stand – sofern Platz war – immer und für jedermann offen. Man muss wissen, dass zu dieser Zeit zwischen den einzelnen Dörfern weder Schul- noch Linienbusse fuhren. Hin und wieder wurde auch schon mal ein Sack Kartoffeln von einem Ort zum anderen transportiert. Als „Entlohnung" für solch eine Gefälligkeit gab es bei der nächsten Hausschlachtung mal eine Hausmacherwurst oder ein Bratenstück.

Rückblickend auf den hier geschilderten Abschnitt meines Arbeitslebens darf ich sagen, dass ich diese Zeit nicht missen möchte. Sie war von viel körperlichem Aufwand, großer Verantwortung und Disziplin sowie Einfühlungsvermögen durchzogen und geprägt. Sie bescherte mir aber auch Erkenntnisse und Erfahrungen mit vielen unterschiedlichen Menschen.

Und so möchte und kann ich in diesem Zusammenhang ein gutes, zufriedenstellendes Fazit ziehen.

Im Februar 1960 trat Maria eine Stelle in einem Cafè in Daun an. Sie wollte, inzwischen sprachen wir von Heirat, dort noch etwas verdienen. Im Spätherbst war es dann soweit. Am 11. November wurden wir in der Dorfkirche in Udler von unserem damaligen Pastor Messbacher getraut.

Hochzeit der Eheleute Schmitz

Meine bisherigen Aufzeichnungen habe ich mit „Erinnerungen an unruhige Zeiten" überschrieben. Weiß Gott, sie waren unruhig! Von nun an jedoch wurde es – nicht zuletzt dank meiner Frau – ruhiger. Wir mieteten eine Wohnung in Boverath bei Daun, wohin wir umgehend verzogen. Ich übernahm, die Altlasten waren beseitigt, das Fuhrgeschäft von Vater und war fortan mein eigener Herr.

Am 21. September 1961 wurde unsere Tochter Annegret geboren. Am 27. September 1962 kam unsere Tochter Christa zur Welt. Zu tun hatten wir also genug, Maria mit den Kindern, ich mit der täglichen Arbeit, dem Transportgewerbe. Die Bautätigkeit nahm zu und ich war von früh bis spät ausgelastet. Dieses schlug sich auch im Verdienst nieder und so fassten wir während des Jahres 1963 den Bau eines eigenen Hauses ins Auge. In der Nähe unserer damaligen Wohnung hätten wir ein entsprechendes Grundstück erwerben können. Dieses Ansinnen meinerseits stieß bei meiner Frau jedoch auf wenig Gegenliebe. Sie wollte jedoch auch nicht zurück nach Udler, ich nicht nach Tettscheid, unseren Heimatorten, und so kam Brockscheid ins Spiel.

Dort erwarben wir im Winter 1963/64 ein Grundstück von der Ortsgemeinde. Ende April 1964 begannen wir mit dem Bau, großenteils in Eigenleistung unter tatkräftiger Mithilfe einiger ortsansässiger Maurer. Übrigens hatte

Nachbarschaftshilfe zu der Zeit noch einen hohen Stellenwert.

Hermann Roschek und Hermann Thelen

Jakob Hammes

Bezugnehmend auf diese hilfsbereiten, fleißigen Maurer (einen, Herrmann Roscheck darf ich hervorheben; er ist der letzte noch lebende Zeitzeuge) einige Anmerkungen, Erinnerungen.

Diese Männer fuhren, damals schon zum Teil motorisiert, Anfang und während der 1950er Jahre zur Arbeit in den Raum Köln, Leverkusen. Es gab dort weitaus bessere Verdienstmöglichkeiten. Die damit zusammenhängenden Abläufe, Umstände habe ich so um 1970 zum Thema eines nicht ganz ernstzunehmenden Gedichtes gemacht. Bekannt als „Maurergedicht":

Brockscheid – heute weltbekannt –

als Glockendorf im Eifelland,

hier pflegte man seit langem schon

die handwerkliche Tradition.

Dazu gehören auch die Maurersleut',

von denen sei die Rede heut.

Besagte Maurer – weltbekannt –

mussten früher weit in's Land.

In Leverkusen waren sie, in Aachen,

kurzum – so weit die Füße tragen.

In Köln, wo einer machte den Versuch,
der Meister dachte „Mensch sei klug",
gib ihm Zehrgeld, schick ihn weg,
mir scheint, er ist ein „Unternehmerschreck".

Da, wo sie waren und gesessen,
sind heute sie noch unvergessen
und überall, wo sie sich wärmten,
die Wirtsleut' lange davon schwärmten.
Denn: Durst ward bei ihnen groß geschrieben
und diesem Grundsatz sind sie treu
geblieben.

Auch heute noch, wohl mehr im Heimatland,
vermischen sie Zement mit Sand,
ist Bier das oberste Gebot.
Man trinkt ja auch nicht ohne Not.
Zu den größten aller Plagen
zählt heute noch das Mörteltragen.
Doch früher musst – oh Schrecken –

der Träger noch den Mörtel schmecken!

Ein Gläschen mal, das gab es nicht für diese Leute.

Gottlob, das hat sich ja geändert heute.

Denn Handlanger waren immer arme Wichte,

wie beweist die folgende Geschichte:

Der Maurer heut' mit schwerem Wagen

kommt zum Arbeitsplatz gefahren.

Dem war nicht immer so: in früh'ren Zeiten

auf Handlanger's Rücken tat er nach Hause reiten.

Doch nichts gegen Maurer, wie Ihr wisst,

der Bauherr auf sie angewiesen ist.

Kommen sie dann, ist die die Freude groß,

gehen sie, denkt er: „Ein Glück, dass ich sie los!"

Von allem, was hier aufgeschrieben,

mag manches etwas übertrieben.

Doch bleibt als Weisheit letzter Schluss:

Wehe dem, der bauen muss!

Ich habe diese Verse öfter in geselliger Runde vorgetragen. Es hat stets für Heiterkeit gesorgt.

Beim Ausführen des Milchtransportes, vor allem am Wochenende, sowie am Bau stand mir Bruder Jupp vorbildlich zur Seite. Ein schöner, trockener Sommer, durch den das Bauen sehr begünstigt wurde, ging ins Land und am 30. Oktober 1964 konnten wir ins neue Haus einziehen. Es war jedoch eine harte, arbeitsreiche Zeit, die oft an die Grenze der Belastbarkeit reichte. Musste ich doch neben dem Bauen den täglichen Anforderungen des Transportgewerbes gerecht werden. Auch sollten und mussten die Finanzen ja noch stimmen. Wir waren nun in den eigenen vier Wänden und fühlten uns freier, unabhängiger, hatten damit das erreicht, was gewisse Leute 10 Jahre früher als unmöglich ansahen. Denn bei manchen Zeitgenossen ist oft der Wunsch Vater des Gedanken. Doch vor Überraschungen, besonders unangenehmen, ist man im Leben nie sicher.

Eine Begebenheit aus 1964 ist jedoch noch erwähnenswert. Anfang Mai verstarb in Udler der angeheiratete Onkel meiner Frau, Pitter genannt. Sein Name ist uns schon einmal in nicht so angenehmem Sinne begegnet. Nun begann in dieser Richtung das Eis zu schmelzen, es setzte sozusagen Tauwetter ein. Erst noch allmählich, dann jedoch immer mehr. Wiederum zur Dorfkirmes in Udler – wir waren bei Schwager Josef, der inzwischen verheiratet war, eingeladen – kehrte Maria auf den Tag genau nach sieben Jahren zum ersten Mal dahin zurück, wo sie fast 20 Jahre ihres Lebens verbracht hatte. Sie nahm unsere Kinder Annegret und Christa, inzwischen fast vier bzw. 3 Jahre alt mit, und die Tante, allgemein nur Liss genannt, konnte ihre Rührung nicht verbergen, wollte es wohl auch nicht. Das Eis, vor allem in den Herzen, war gebrochen. Auch für meine Frau eine große Erleichterung, denn die Besuche fanden nun öfter statt. Sehr zur Freude vor allem von Tante Liss.

Zu Beginn des Jahres 1965 wurde uns, den privaten Transportunternehmen, seitens der Molkereigenossenschaft Laufeld mitgeteilt, dass man die Milchanfuhr fortan mit genossenschaftseigenen Tank-Sammelwagen durchführen wolle. Dafür wurden drei Fahrzeuge benötigt, zwei wurden schon bald ausgeliefert. Das dritte, für die von mir befahrene Route vorgesehen, kam Anfang Juli. So fuhr ich denn am 15. Juli 1965 zum letzten Mal meine Tour mit einem doch etwas komischen Gefühl. War doch eine, vor allem sichere, Erwerbstätigkeit weggebrochen. Eine eventuelle Entschädigung – und wäre es auch in geringem Umfang – kam den Herren in Vorstand und Aufsichtsrat nicht in den Sinn. Für diese Leute, jedenfalls die meisten, stand das eigene Profitdenken allzu sehr im Vordergrund. Bei manchen war eine gewisse Schadenfreude nicht zu übersehen. Dabei hatte man unsererseits alle Anschaffungen, Fahrzeuge, Anhänger nur auf den Milchtransport ausgerichtet. Ich hatte kein Kipperfahrzeug, so dass man flexibler hätte sein können; das heißt Schüttguttransport war nicht möglich. Für die Raiffeisen-Genossenschaften führte ich nach wie vor die anfallenden Transporte aus, war jedoch aus vorgenannten Gründen einseitig gebunden.

Um diesem Zustand ein Ende zu setzen, kaufte ich im Spätsommer 1966 ein neues Kipperfahrzeug Typ MAN 635. Das bisherige – ich hatte es 1962 auch als Neufahrzeug erworben – tauschte ich noch zu einem annehmbaren Preis ein, so dass die entstehenden neuen finanziellen Verpflichtungen überschaubar blieben.

Am 15.06.1968 kam es zur Gründung eines Sportvereins. Ein Novum für Brockscheid. Begünstigt durch den heiratsbedingten Zuzug einiger junger Männer hatte man bald eine spielstarke Mannschaft. Es war allerdings noch kein Sportplatz vorhanden. So spielte man in der Saison 1968/69 auf dem Platz des

SV Üdersdorf. Für die folgende Saison hatte man ein Wiesengelände in Brockscheid angemietet. Dies alles waren aber keine Lösungen.

Man entschloss sich 1970 zum Bau eines neuen, eigenen Platzes. Bei der Flurbereinigung in den 1960er Jahren war in weiser Voraussicht eine Parzelle ausgewiesen worden. Durch eine großzügige Spende des damaligen Jagdpächters Dr. Driessen, viel Tatkraft, noch mehr Idealismus und heute kaum mehr vorstellbaren Eigenleistungen wurde eine für damalige Verhältnisse schöne Anlage geschaffen.

Nach der Treibjagd im Jagdhaus

Dies bestätigten uns auch die Gastvereine bei der Einweihung. Diese fand um die Jahresmitte 1971 statt, verbunden mit einem überaus gut verlaufenen Sportfest. Das Eröffnungsspiel bestritten der FSV Salmrohr gegen den SV Wallenborn. In der Mannschaft des FSV Salmrohr standen damals Leute wie Peter Rauen und Klaus Toppmöller. Man fragt sich wohl, wie war es möglich, eine Mannschaft mit diesen Spielern (zu der Zeit zwar nicht so bekannt wie später) nach Brockscheid zu bekommen. Es geschah dies durch Verbindungen unseres leider allzu früh verstorbenen Sportkameraden Heinz Kranz. Er kam aus Salmrohr und war unser Nachbar.

Die Mannschaft des SV Brockscheid spielte einige Jahre eine gute Rolle in der D- Klasse und feierte am 13.02.1977 durch einen 2:0 – Sieg gegen die Reserve des SV Densborn in einem Entscheidungsspiel den Aufstieg in die C-Klasse.

In der Jahreshauptversammlung 1970 wurde ich, Alfred Schmitz, zum 1. Vorsitzenden, Herrmann Roscheck zum 2. Vorsitzenden und Herrmann Thelen zum Geschäftsführer und Kassenwart gewählt.

Auf mich bezogen war ich in dieser Funktion tätig bis 1980.

In Erinnerung an alles in diesem Zusammenhang Geschilderte habe ich einige

Verse in Reim gebracht. Und so möge der geneigte Leser dies zur Kenntnis nehmen:

Gedicht zur Gründung des Sportvereins

1968 war's, da kam man überein,
wir gründen einen Sportverein!
Der Freunde gab es alsbald viele
und darum war man schnell am Ziele.
Man hielt zusammen fest und gut,
verlor auch nicht so schnell den Mut.
Ein Sportplatz wurde angelegt
und alles wurde gut gehegt
von Leuten, die der Sache sich verschrieben,
die immer bei der Stange blieben.
In trüben wie in heit'ren Stunden
Immer dem Verein verbunden.
An schweren wie an guten Tagen
und so darf man heut noch allen sagen die
standen für den Fußballsport:
Ein „Danke" hier an diesem Ort!

Bis zum Jahre 1970 blieb die Auftragslage im Transportgewerbe noch in etwa konstant, die Entlohnung ebenfalls, die Unkosten für Treibstoff, Reparaturen usw. standen jedoch dazu in keinem gesunden Verhältnis mehr. Mir kam damals der etwas makabre Satz in den Sinn: „Um kaputt zu gehen, muss man sich nicht unbedingt kaputt arbeiten."

So gab ich im Frühjahr 1971 meine selbständige Tätigkeit auf. Es geschah dies nicht ganz ohne Wehmut, wurde jedoch, bedingt durch die geschilderten Umstände, etwas erleichtert. Ich verkaufte also LKW samt Anhänger und bewarb mich als erstes um eine Fahrerstelle bei der Straßenmeisterei in Daun. Befragt nach meinem Alter – ich war 43 Jahre alt – teilte man mir mit, dass ich damit schon zu alt sei: In den Augen dieses Herren hatte man seinen Zenit überschritten. Doch wenn man selbst in einem festen Stuhl sitzt, lässt sich leichter entscheiden. Eines Tages, Ende Mai 1971, bekam ich überraschend Besuch von dem Inhaber einer Baustoff-Handlung in Daun. Er suchte dringend einen LKW-Fahrer. Diese Stelle trat ich nun am 06. Juni an. Dort blieb ich, besser gesagt – besonders im Hinblick auf die letzten Jahre gesehen -, hielt ich es aus, bis zum Jahresende 1990. Mit nunmehr 63 Jahren ging ich in den Ruhestand. Unter etwas besseren Bedingungen (zum Beispiel was Toleranz, Arbeitsklima und einiges andere mehr angeht) hätte ich die 65 gerne vollgemacht. Meine Altersversorgung hätte es vertragen können.

Ich war nicht so vermessen, beim Ausscheiden aus der Firma einen gewissen Dank zu erwarten - dazu genügten meine diesbezüglichen Erfahrungen - doch ein „Lass es Dir gut gehen" oder „Besuch uns bei Gelegenheit" hätte schon sein können. Es gab und gibt jedoch – dies ist schon einmal in meinen Ausführungen dargelegt – Fälle, wo man sich zweimal im Leben begegnete. Ich bin und bleibe dahingehend guter Hoffnung.

1966 im September wurde unser Sohn Andreas geboren, 1972 Tochter Claudia. Beide Geburten verliefen ohne Komplikationen. 1978 jedoch, im Januar, traf uns ein Schicksalsschlag. Maria kam zur Geburt ihres fünften Kindes ins Krankenhaus in Daun. Es kaum, aus welchen Gründen auch immer, zu Komplikationen und das Kind tot zur Welt. Das Leben meiner Frau hing, wie man erst später erfuhr, am seidenen Faden. Sie erholte sich jedoch erstaunlich schnell, auch hier war - neben körperlichem Schmerz - seelisch ja etwas zu verheilen. Neben Optimismus, positivem Denken, verbunden mit einem sonnigen Gemüt (Eigenschaften, die man im Alter erst richtig zu schätzen weiß), half ihr eine tiefe Gläubigkeit und großes Gottvertrauen über manches hinweg.

Der Ausspruch, wonach man sich im Leben zweimal begegnet, bekam im Winter 1978/79 Gültigkeit. Im Dezember 1978 kam der Onkel meiner Frau, bekannt als Kobbes, wegen Durchblutungsstörungen ins Krankenhaus in Daun. Er lebte seit Juni 1977 – damals war seine Schwester, Tante Liss, verstorben – allein in seinem Haus in Udler. Infolge der genannten Erkrankung musste ein Bein amputiert werden. Ende Januar stand die Entlassung an. Da er ledig, ohne direkte Nachkommen, war, kam eigentlich nur die Aufnahme in ein Pflegeheim in Frage. Da erinnerte er sich seiner Nichte Maria, meiner Frau, und meiner Wenigkeit. Nach fast genau 21 Jahren schloss sich der Kreis. Anfang Februar 1979 kam er zu uns, wurde in die Familie aufgenommen. Er war und blieb, früher nicht ganz pflegeleicht, ein friedlicher Hausgenosse und hatte, wenn auch spät, seine Lektion gelernt. Im August 1979 bekam er noch eine Armlähmung. Da ich selbst meinem Beruf nachgehen musste, tagsüber also nicht zu Hause war, lag die ganze Belastung auf den Schultern meiner Frau. Doch mit den ihr eigenen, schon genannten, Tugenden schaffte sie es. Anfang November 1980 verstarb Onkel Kobbes im Krankenhaus Daun. Er hatte, so glaube ich, auch bedingt durch die geschilderten Umstände, seinen Frieden gefunden. Sein Grab ist, dies war sein Wunsch, auf dem Friedhof in Brockscheid.

1975 verzogen meine Eltern, nachdem sie das Haus in Tettscheid verkauft hatten, zu ihrer Tochter Helga, meiner Schwester also, in deren neu errichtetes Haus nach Daun.

Wilhelm und Margareta Schmitz

1978 wurde ihnen die dortige Wohnung – bedingt durch die Scheidung von Helga – gekündigt. Begünstigt durch den Verkauf zweier Grundstücke (das Geld aus dem Hausverkauf in Tettscheid war auch noch vorhanden) entschloss man sich zum Bau eines neuen, kleineren jedoch schmucken Hauses in Brockscheid. Man konnte hier zu einem erschwinglichen Preis ein entsprechendes Grundstück erwerben. Alle vorbereitenden Arbeiten wie Ausschachtung, Rohrverlegung, Beschaffen von Bauholz usw. sowie der Innenausbau und die Gestaltung der Außenanlagen wurden von Bruder Jupp und mir unter Mithilfe ortsansässiger Handwerker ausgeführt. Lediglich das Hochziehen des Mauerwerks und das Auftragen des Außenputzes oblag einer Baufirma, ebenso die Dacheindeckung. Im Sommer 1979 konnten meine Eltern in das neue Haus einziehen. Es war ihnen vergönnt, dort noch etwa elf Jahre zusammen zu leben.

Am 03. Juni 1990, nach mehrwöchigem Krankenlager, verstarb Vater im Alter von 89 Jahren. Mutter, verhältnismäßig rüstig, blieb fortan noch allein im Hause und konnte sich bis 1994 selbst versorgen. Anfallende Besorgungen wurden von Bruder Jupp und mir, da wir im Ort wohnten, erledigt. Ab 1995 ließen besonders ihre geistigen Kräfte nach, sie konnte jedoch bis zu ihrem Tode am 21. Oktober 2001 alleine im Haus wohnen. Es wäre auch schwer gewesen, sie zum Verlassen zu bewegen. Während dieser sechs Jahre übernahmen ihre drei Schwiegertöchter die Hausarbeiten wie kochen, putzen, waschen usw. Bei ihrem Tode war sie fast 97 Jahre alt.

Unsere älteste Tochter Anne wohnt mit Partner Erich in Hürth-Efferen. Sohn Andreas – verheiratet mit Carmen Riemann – wohnt in Gillenfeld, Tochter Claudia, verheiratet mit Olaf Paulus, in Gummersbach. Tochter Christa ist verheiratet mit Oswald Müller und wohnt in Daun-Rengen. Christa und Oswald haben vier Söhne: David, 29 Jahre, Christoph, 27, Benedikt, 23, und Leon, 20 Jahre alt. Sie sind unser ganzer Stolz und kommen immer gerne zu Oma und Opa.

Seit November 1990 bin ich also im Ruhestand und mit Arbeiten rund um´s Haus, vor allem im Garten, ausgelastet, besonders im Hinblick darauf, dass ich von 1984 – 1999 die Tätigkeiten eines Gemeindearbeiters ausgeführt habe. Der Ausspruch: „Wer rastet, der rostet" hatte und hat für mich heute noch Gültigkeit und Bedeutung.

Für meine Frau Maria, 1997 schwer erkrankt, seitdem jedoch wieder gut erholt, haben ihre Blumen einen hohen Stellenwert. Ich glaube sogar, dass sie mit ihnen spricht, ebenso gilt bei ihr der Ausspruch „Geranien und Kaffeesatz".

Der Blumengarten

Im November 2010 konnten wir bei guter Gesundheit das Fest der Goldenen Hochzeit feiern. Es war, im Kreis der Familie, Angehörigen, Freunden und Nachbarn, eine wunderbare Feier, verschönt durch das Trompeten-Spiel von Herrn Dietmar Welter, der dazu die weite Fahrt von Hürth auf sich nahm. Ihm und auch allen anderen, welche diese Feier mitgestaltet und verschönt haben, an dieser Stelle ein großes „Dankeschön"! So darf ich wohl gegen Ende meiner „Erinnerungen an unruhige Zeiten" den wohl zutreffenden Ausspruch setzen:

„Gott verspricht eine sichere Landung, aber keine ruhige Reise!"

Goldene Hochzeit der Eheleute Schmitz

So möge uns der gütige Gott noch einige Jahre Zufriedenheit, Wohlergehen, vor allem aber das höchste Gut, Gesundheit, schenken. Ein bewegtes Leben mit Höhen und Tiefen, vielem Auf und Ab, ist hier aufgezeichnet. Für mich waren stets Fleiß, Ausdauer und Zuverlässigkeit, vor allem aber Ehrlichkeit, gepaart mit einem gesunden Selbst- und viel Gottvertrauen Anhalts- und Richtungspunkte. Darüber hinaus standen und stehen heute noch die folgenden Verse aus Schiller's (übrigens mein Lieblingsdichter) „Ode an die Freude" über allem Tun und Denken.

Festen Mut in schweren Leiden,
Hilfe, wo die Unschuld weint,
Ewigkeit geschworenen Eiden,
Wahrheit gegen Freund und Feind,
Duldet mutig Millionen!
Duldet für die bessere Welt!
Droben überm Sternenzelt
wird ein guter Gott belohnen.
Unser Schuldbuch sei vernichtet!
Ausgesöhnt die ganze Welt!
Droben – überm Sternenzelt
richtet Gott wie wir gerichtet!

Brockscheid, im Januar 2017

Herstellung und Verlag:
BoD - Books on Demand, Norderstedt
ISBN 978-3-7431-8747-4